中國文化史導論

出版說明

錢穆賓四先生，生前爲促進今日國人對我中華傳統文化之認識，曾計劃將其著作分類編爲「小論叢」，以便利青年學子之閱讀。今素書樓文教基金會乃遵先生遺意，以聯經公司民國八十六（一九九七）年之全集版爲底本，將先生著作分類重排，出版選輯：中國史學小論叢一套，包括中國文化史導論、中國歷史精神、國史新論、中國歷代政治得失、中國歷史研究法、中國史學發微、中國史學名著、政學私言八書。

中國文化史導論一書，爲先生繼國史大綱之後，專就通史中有關文化史一項所作之導論。嘗謂讀者當就兩書合讀，庶可對我國歷史之整全體有較深一層之認識。本書係先生第一部討論中國文化史而同時兼論中西文化異同問題有系統之著作。原著於民國三十二、三（一九四三、四）年對日戰爭期間，迄三十七（一九四八）年夏，交上海正中書局出版。其時大局動盪，未能流傳。四十（一九五一）年台北正中再版印行，流傳依然未廣。先生晚歲，每以此爲憾。七十六（一九八七）年，以九十三高齡，再重讀全書，稍加修潤，擬重版發行。書未梓行，七十九（一九九〇）年夏，先生已溘然謝世。八十三（一九九四）年，其夫人將本書與新修訂之國史大綱兩書，交台北與北平商務印書館，兩地同時重印新版，以爲先生百年誕辰紀念。五十年來先生之心願，終獲達成。

中國歷史精神一書，乃民國四十（一九五一）年春，先生在台北應國防部高級軍官組特約講演七次，分別講述史學精神與方法、中國歷史上的政治、經濟、國防、教育、地理與人物、道德精神七題，講辭由先生修潤成書。本書深入淺出，有助讀者在短期內對我國五千年歷史精神之瞭解。本書於民國四十一（一九五二）年由印尼耶加達天聲日報印行，四十三（一九五四）年台北國民出版社出版。民國五十三（一九六四）年，增入先生在台北國防研究院講中國文化與中國人、從中西歷史看盛衰興亡兩講辭，在香港、台北兩地再版，六十五（一九七六）年改由台北東大圖書公司在台出版。八十六（一九九七）年編全集，又增入先生早年舊稿中華民族歷史精神及晚明諸儒之學術及其精神兩文。

國史新論一書，初編於民國四十（一九五一）年，所收論文中國社會演變、中國傳統政治、中國智識分子，中國歷史上之考試制度、中國文化傳統之演進五篇，先後於港、台兩地自印出版。先生生前深以近百年來，我國面臨前古未有之變局，不幸國人對已往歷史認識特爲貧乏模糊爲憂。常望能就新時代之需要，探討舊歷史之真相，以期對當前一切問題，有一本源之追溯與較切情實之考查。本書係以分別、專門、變化三種眼光治史之所得，以資有志者之參考。民國七十（一九八一）年，本書改交台北東大圖書公司出版。七十七（一九八八）年，先生重編本書，增入再論中國社會演變、略論中國社會主義、中國歷史上的傳統政治、中國文化傳統中之士、再論中國文化傳統中之士、中國歷史上的傳統教育、中國教育制度與教育思想、中國歷史人物、中國歷史上之名將九篇，合爲十四篇。八十六（一九九七）年整編全集，又增入中國歷史上社會的時代劃分一篇；初編所收中國文化傳統之演進一文，先生曾謂該文本爲其中國文化史導論一書之總提綱，今遵先生遺意移附該書之末。

中國歷代政治得失一書，乃民國四十一（一九五二）年春，先生在台北應總統府戰略顧問委員會主委何應欽先生之邀，演講「中國歷代政治得失」一題。講期五次，每次限兩小時，故僅拈漢、唐、宋、明、清五代之政治制度，略舉大綱。本擬就講稿事後再作增補，不幸先生即因意外腦部受傷，養病期間，僅能就記錄稿稍加校正，是年冬在香港初版。嗣後先生就前稿略加修改，如唐代兩稅制、明代賦稅制度等，均有新資料補充；四十四（一九五五）年在港出版修訂本，六十六（一九七七）年以港版交東大圖書公司在台發行。

中國歷史研究法一書，乃民國五十（一九六一）年，先生在港應孟氏基金會邀請，作一系列講演，該會定總題爲「歷史研究法」，先生就其總題分通史、政治史、社會史、經濟史、學術史、歷史人物、歷史地理、文化史八部分，作八次講演。講辭由學生葉君記錄，先生再加整理潤飾成書。先生以爲研究歷史，尤應注意歷史背後所蘊藏而完成之文化，曾謂此書亦可另賦一名爲「中國歷史文化大義」。是書於五十（一九六一）年由孟氏教育基金會在香港初版後未再重刊，五十八（一九六九）年在台初版，其後絕版多年。七十六（一九八七）年先生對原書內文略有增潤，並附入早年所作略論治史方法、歷史教育幾點流行的誤解兩文，七十七（一九八八）年由台北東大圖書公司出版。八十六（一九九七）年編全集版，又增入先生早年論文如何研究中國史、歷史與教育、中國今日所需的新史學與新史學家、中國歷史教學、歷史教學與心智修養、中國史學之特點等六篇。

中國史學發微一書，大部分爲先生晚年所發表有關史學之綱領，少部分爲先生較早之著作。是書初編於民國七十六（一九八七）年，共收文十四篇，交台北東大圖書公司出版。其中莊子薪盡火傳釋義一文，先生生前已移入舊著莊老通辨一書中，八十六（一九九七）年編全集版，本書改爲十三篇。

中國史學名著一書，乃先生於民國五十九（一九七〇）年爲台北中國文化學院歷史研究所博碩士班學生所開「中國史學名著」課程之全年講堂實錄，旨在指引學生研究史學之門徑。全書由學生戴景賢君隨堂錄音寫出，再由先生删潤而成。民國六十二（一九七三）年交台北三民書局出版。六十九（一九八〇）年先生又作通體之增删修潤，八十六（一九九七）年編全集本，即以增修遺稿爲底本出版。

政學私言一書，所收十五文皆爲抗日戰爭時期所作。其時日寇囂張，時局阢隉，後方人心惶惶不安。本書主旨在從中國固有歷史文化傳統立場，爲建立未來新中國之理想作設計藍圖，其範圍包括政治、社會、經濟、法律、教育等各方面。惟先生自以時政爲生平所疏，而所言又有違崇重西化之時尚，故特將本書定名爲「政學私言」。本書於民國三十四（一九四五）年抗戰勝利初期，出版於重慶。五十六（一九六七）年台北商務印書館再版。其後先生曾重讀此書，就原書有所增修改訂。八十六（一九九七）年整編全集，即以經先生修訂者爲底本，又增入先生同時期所寫變更省區制度私議、中國之前途、建國信望三文。

上列八書，台北聯經出版公司於民國八十六（一九九七）年出版全集本時，已校正若干誤植錯字，並增入私名號、書名號、以及酌加引號，以利閱讀；又凡新增各篇，目次中悉標注〔＊〕號。此次重排，除改正若干誤植之錯字外，並將各書中若干篇論文，再與舊版重校對。排編之工作，雖力求慎重，然錯誤疏漏之處，在所難免，敬希讀者不吝指正。

中華民國九十（二〇〇一）年一月

素書樓文教基金會

目次

弁言

「文明」、「文化」兩辭，皆自西方迻譯而來。此二語應有別，而國人每多混用。大體文明、文化，皆指人類羣體生活言。文明偏在外，屬物質方面。文化偏在內，屬精神方面。故文明可以向外傳播與接受，文化則必由其羣體內部精神累積而產生。即如近代一切工業機械，全由歐美人發明，此正表顯了近代歐美人之文明，亦即其文化精神。但此等機械，一經發明，便到處可以使用。輪船、火車、電燈、電線、汽車、飛機之類，豈不世界各地都通行了。但此只可說歐美近代的工業文明已傳播到各地，或說各地均已接受了歐美人近代的工業文明，卻不能說近代歐美文化，已在各地傳播或接受。當知產生此項機械者是文化，應用此項機械而造成人生的形形色色是文明。文化可以產出文明來，文明卻不一定能產出文化來。由歐美近代的科學精神，而產出種種新機械、新工業。但歐美以外人，採用此項新機械、新工業的，並非能與歐美人同具此項科學精神。再舉一例言。電影是物質的，可以很快流傳，電影中的劇情之編製，演員之表出，則有關於藝術與文學之愛好，此乃一種經由文化陶冶的內心精神之流露，各地有各地的風情。從科學機械的使用方面說，電影可以成爲世界所共同；從文學藝術的趣味方面說，電影終還是各地有區別。這便是「文化」與「文明」之不同。

各地文化精神之不同，窮其根源，最先還是由於自然環境有分別，而影響其生活方式。再由生活方式影響到文化精神。人類文化，由源頭處看，大別不外三型。一、游牧文化，二、農耕文化，三、商業文化。游牧文化發源在高寒的草原地帶，農耕文化發源在河流灌溉的平原，商業文化發源在濱海地帶以及近海之島嶼。三種自然環境，決定了三種生活方式；三種生活方式，形成了三種文化型。此三型文化，又可分成兩類。游牧、商業文化爲一類，農耕文化爲又一類。

游牧、商業起於「內不足」，內不足則需向外尋求，因此而爲流動的、進取的。農耕可以自給，無事外求，並必繼續一地，反復不捨，因此而爲靜定的、保守的。草原與濱海地帶，其所憑以爲資生之地者不僅感其不足，抑且深苦其內部之有阻害，於是而遂有強烈之「戰勝與克服欲」。其所憑以爲戰勝與克服之資者，亦不能單恃其自身，於是而有深刻之「工具感」。草原民族之最先工具爲馬，海濱民族之最先工具爲船，非此即無以克服其外面之自然而獲生存。故草原、海濱民族其對外自先即具敵意，即其對自然亦然。此種民族，其內心深處，無論其爲世界觀或人生觀，皆有一種強烈之「對立感」。其對自然則爲「天」「人」對立，對人類則爲「敵」「我」對立，因此而形成其哲學心理上之必然理論則爲「內」「外」對立。於是而尚自由、爭獨立，此乃與其戰勝克服之要求相呼應。故此種文化之特性常見爲「征伐的」、「侵略的」。農業生活所依賴，曰氣候、曰雨澤、曰土壤，此三者，皆非由人類自力安排，而若冥冥中已有爲之布置妥帖而惟待人類之信任與忍耐以爲順應，乃無所用其戰勝與克服。故農耕文化之最內感曰「天人相應」、「物我一體」，曰「順」曰「和」。其自勉則曰「安分而守己」。故此種文化之特性常見爲「和平的」。

游牧、商業民族向外爭取，隨其流動的戰勝克服之生事而俱來者曰「空間擴展」，曰「無限向前」。農耕民族與其耕地相連繫，膠著而不能移，生於斯、長於斯、老於斯、祖宗子孫世代墳墓安於斯。故彼之心中不求空間之擴張，惟望時間之緜延。絕不想人生有無限向前之一境，而認爲當體具足，循環不已。其所想像而蘄求者，則曰「天長地久，福祿永終」。

游牧、商業民族，又常具有鮮明之「財富觀」。牛羊孳乳，常以等比級數增加。一生二、二生四、四生八、八生十六，如是則刺激逐步增强。故財富有二特徵，一則愈多愈易多，二則愈多愈不足。長袖善舞，多財善賈，商業民族之財富觀則更益增强。財富轉爲珠寶，可以深藏。以數字計，則轉成符號。由物質的轉成精神的，因此其企業心理更爲積極。農人則惟重生產；生產有定期，有定量，一畝之地年收有定額，則少新鮮刺激。又且生生不已，源源不絕，則不願多藏。抑且粟米布帛，亦不能多藏。彼之生業常感滿足而實不富有。合此兩點，故游牧、商業文化，常爲富强的，而農業文化則爲安足的。然富者不足，强者不安，而安足者又不富强。以不富强遇不安足，則雖安足亦不安足，於是人類文化乃得永遠動盪而前進。

文化必有刺激，猶如人身必賴滋養。人身非滋養則不能生長，文化非刺激則不能持續而發展。文化之刺激，又各就其個性而異。向前動進的文化，必以向前動進爲刺激；戰勝克服的文化，必以戰勝克服爲刺激；富强的文化，必以富强爲刺激。然動進復動進，克服復克服，富强益富强，刺激益刺激，而又以一種等比級數的加速爲進行，如是則易達於一極限。動進之極限，即爲此種文化發展之頂點。古代游牧民族，其興驟，其崩速。近代之商業文化，雖其貌相若與古代之游牧文化大異，而內裏精神實出一致，因此此種文化常感搖兀而不安。

「安、足、靜、定」者之大敵，即爲「富、强、動、進」。古代農耕民族之大敵，常爲游牧民族。近代農耕民族之大敵，則爲商業民族。然人類生活終當以「農業」爲主，人類文化亦終必以「和平」爲本。故古代人類真誠的文化產生，即在河流灌溉之農耕區域。而將來文化大趨，亦仍必以各自給足的和平爲目的。

農業文化有大型、小型之別，又有新農、舊農之別。何謂大型、小型？古代如埃及、巴比倫等皆小型農國，其內部發展易達飽和點，其外面又不易捍禦强暴，因此古代小型農國文化生命皆不幸而夭折。獨中國爲古代惟一的大型農國，因此其文化發展，獨得緜延迄於四五千年之久，至今猶存，堪爲舉世農業文化、和平文化發展最有成績之惟一標準。然中國雖以大型農國，幸得捍禦游牧文化之侵凌而發展不輟。今日則新的商業文化繼起，其特徵乃爲有新科學、新工業之裝備，因此中國雖以大型農國對之，不免相形見絀。於是安足者陷於不安足，而文化生機有岌岌不可終日之勢。然此非農耕文化不足與商業文化相抗衡。苟使今日之農業國家，而亦與新科學、新工業相配合，而又爲一大型農國，則仍可保持其安足之感。而領導當前之世界和平者，亦必此等國家是賴。

今日具此資格之國家，有美國，有蘇聯，與中國而三。美、蘇皆以大型農國而又有新科學、新機械之裝配，然其傳統文化則未必爲農業的。換言之，即未必爲和平的。中國則爲舉世惟一的農耕和平文化最優秀之代表，而其所缺者，則爲新科學、新機械之裝備與輔助。然則中國之改進，使其變爲一嶄新的大型農國而依然保有其深度之安足感，實不僅爲中國一國之幸，抑於全世界人類文化前程以及舉世渴望之和平，必可有絕大之貢獻。

然中國改進，其事亦不易。使中國人回頭認識其已往文化之真相，必然爲絕要一項目。中國文化問題，近年來，已不僅爲中國人所熱烈討論之問題，抑且爲全世界關心人類文化前途者所注意。然此問題，實爲一極當深究之歷史問題。中國文化，表現在中國已往全部歷史過程中，除卻歷史，無從談文化。我們應從全部歷史之客觀方面來指陳中國文化之真相。

首先：應該明白文化之複雜性，不要單獨著眼在枝節上，應放寬胸懷，通視其大體。

第二：則應明白文化之完整性，人類羣體生活之複多性，必能調和成一整體，始有向前之生機。如砌七巧板，板片並不多，但一片移動，片片都得移，否則搭不成樣子。中西文化各有體系，舉大端而言，從物質生活起如衣、食、住、行，到集體生活如社會、政治組織，以及內心生活如文學、藝術、宗教信仰、哲學思維，犖犖大者，屈指可數。然相互間則是息息相通，牽一髮，動全身；一部門變異，其他部門亦必變異。我們必從其複雜的各方面，瞭解其背後之完整性。

第三：要明白文化之發展性。文化儼如一生命，他將向前伸舒，不斷成長。橫切一時期來衡量某一文化之意義與價值，其事恰如單提一部門來衡量全體，同樣不可靠。我們應在歷史進程之全時期中，求其體段，尋其態勢，看他如何配搭組織，再看他如何動進向前，庶乎對於整個文化精神有較客觀、較平允之估計與認識。

本書十篇，根據上述意見而下筆，這是民國三十年間事。其中一部分曾在思想與時代雜誌中刊載。當時因在後方，書籍不湊手，僅作一種空洞意見之叙述。此數年來，本想寫一較翔實的文化史，但一則無此心情，二則無此際遇，而此搞攤行篋中東西奔跑，又復敝帚自珍，常恐散失了；明知無當覆瓿，而且恐怕必犯許多人的笑駡，但還想在此中或可引出一二可供平心討論之點，因此也終於大膽地付印了。

中華民國三十七年五月二十九日錢穆在無錫江南大學。

修訂版序

本書寫於民國三十年中、日抗戰時期，爲余寫成國史大綱後，第一部進而討論中國文化史有系統之著作，乃專就通史中有關文化史一端作導論。故此書當與國史大綱合讀，庶易獲得著者寫作之大意所在。

本書雖主要在專論中國方面，實亦兼論及中西文化異同問題。迄今四十六年來，余對中西文化問題之商榷討論屢有著作，而大體論點並無越出本書所提主要綱宗之外。讀此書實有與著者此下所著有關商討中西文化問題各書比較合讀之必要，幸讀者勿加忽略。

本書近將重版，余重讀全文，略作修飾。又理出民國三十六年寫於昆明五華書院之筆記兩則附於後。

民國七十六年冬錢穆誌於外雙溪之素書樓，時年九十三歲。

第一章　中國文化之地理背景

一

中國是一個文化發展很早的國家，他與埃及、巴比倫、印度，在世界史上上古部分裏，同應佔到很重要的篇幅。但中國因其環境關係，他的文化，自始即走上獨自發展的路徑。在有史以前，更渺茫的時代裏，中國是否與西方文化有所接觸，及其相互間影響何如，現在尚無從深論。但就大體言，中國文化開始，較之埃及、巴比倫、印度諸國，特別見爲是一種孤立的，則已成爲一種明顯的事實。

中國文化不僅比較孤立，而且亦比較特殊，這裏面有些可從地理背景上來說明。埃及、巴比倫、印度的文化，比較上皆在一個小地面上產生。獨有中國文化，產生在特別大的地面上。這是雙方最相異的一點。

人類文化的最先開始，他們的居地，均賴有河水灌溉，好使農業易於產生。而此灌溉區域，又須不很廣大，四圍有天然的屏障，好讓這區域裏的居民，一則易於集中而到達相當的密度，一則易於安居樂業而不受外圍敵人之侵擾。在此環境下，人類文化始易萌芽。埃及尼羅河流域，巴比倫美索不達米亞平原，印度印度河流域，莫不如此。印度文化進展到恆河流域，較爲擴大，但仍不能與中國相比。中國的地理背景，顯然與上述諸國不同。

普通都説，中國文化發生在黃河流域。其實黃河本身並不適於灌溉與交通。中國文化發生，精密言之，並不賴藉於黃河本身，他所依憑的是黃河的各條支流。每一支流之兩岸和其流進黃河時兩水相交的那一個角裏，卻是古代中國文化之搖籃。那一種兩水相交而形成的三角地帶，這是一個水椏杈，中國古書裏稱之曰「汭」，汭是在兩水環抱之內的意思。中國古書裏常稱渭汭、涇汭、洛汭，即指此等三角地帶而言。我們若把中國古史上各個朝代的發源地和根據地分配在上述的地理形勢上，則大略可作如下之推測：

唐、虞文化是發生在現在山西省之西南部，黃河大曲的東岸及北岸，汾水兩岸及其流入黃河的椏杈地帶。

夏文化則發生在現在河南之西部，黃河大曲之南岸，伊水、洛水兩岸，及其流入黃河的椏杈地帶。

周文化則發生在現在陝西省之東部，黃河大曲之西岸，渭水兩岸，及其流入黃河的椏杈地帶。

這一個黃河的大隈曲，兩岸流著涇、渭、伊、洛、汾、涑幾條支流，每一條支流的兩岸，及其流進黃河的三角椏杈地帶裏面，都合宜於古代農業之發展。而這一些支流之上游，又莫不有高山疊嶺爲其天然的屏蔽，故每一支流實自成一小區域，宛如埃及、巴比倫般，合宜於人類文化之生長。而黃河的幾個渡口，在今山西省河津、臨晉、平陸諸縣的，則爲他們當時相互交通的孔道。

據中國古史傳說，虞、夏文化極相密接，大概夏部族便從洛水流域向北渡過黃河，而與汾水流域的虞部族相接觸。其主要的渡口爲平陸的茅津渡，稍東的有孟津。周部族之原始居地，據舊說乃自今陝西渭河上流逐步東移。但據本書作者之意見，頗似有從山西汾河下流西渡黃河轉到陝西渭河下流之可能。無論如何，周部族在其定居渭河下游之後，常與黃河東岸汾水流域居民交通接觸，則爲斷無可疑之事。因此上述虞、夏、周三氏族的文化，很早便能融成一體，很難再分辨的了。這可以說是中國古代較爲西部的一個文化系統。

中國古代的黃河，流到今河南省東部，一到鄭縣境，即折向北，經今河南濬縣大伾山下，直向北流，靠近太行山麓，到今天津附近之渤海灣入海。在今安陽縣（舊彰德府）附近，便有漳水、洹水流入黃河，這裏是古代殷、商氏族的政府所在地。他們本由黃河南岸遷來，在此建都，達二百八十年之久。最近五十年內，在那裏發掘到許多牛胛骨與龜版，上刻貞卜文字，正爲此時代殷商王室之遺物，因此我們對於此一時期中在此地域的商文化，增多了不少新智識。原來的商族，則在今河南省歸德附近，那裏並非黃河流經之地，但在古代則此一帶地面保存很多的湖澤，最有名的如孟諸澤、蒙澤之類；也有許多水流，如睢水、濊水（即渙水）之類，自此（歸德）稍向北，到河南中部，則有滎澤、圃田澤等；自此稍東北，山東西部，則有菏澤、雷夏、大野等澤。大抵商部族的文化，即在此等沼澤地帶產生。那一帶正是古代淮水、濟水包裹下的大平原，商代文化由此漸漸渡河向北伸展而至今河南之安陽，此即所謂殷墟的，這可以說是中國古代較爲東部的一個文化系統。這一個文化系統，再溯上去，或可發生在中國之極東，燕、齊濱海一帶，現在也無從詳說了。

但在有史以前很早時期，似乎上述的中國東西兩大系統的文化，早已有不斷的接觸與往來，因此也就很難分辨說他們是兩個系統。更難說這兩大系統的文化，孰先孰後。

現在再從古代商族的文化地域說起。因爲有新出土的甲骨文爲證，比較更可信據。那時商王室的政治勢力，似乎向西直達渭水流域，早與周部族相接觸，而向東則達今山東、河北兩省沿海，中間包有濟水流域的低窪地帶。向東北則直至遼河流域，向南則到淮水流域，向西南則至漢水流域之中游，說不定古代商族的文化勢力尚可跨越淮、漢以南，而抵達長江北岸。這些地帶，嚴格言之，早已在黃河流域外，而遠在商代早已在中國文化區域裏。及到周代興起，則長江流域、漢水、淮水、濟水、遼河諸流域，都成爲中國文化區域之一部分，其事更屬顯明。

我們只根據上文約略所談，便可見古代中國文化環境，實與埃及、巴比倫、印度諸邦絕然不同。埃及、巴比倫、印度諸邦，有的只藉一個河流，和一個水系，如埃及的尼羅河。有的是兩條小水合成一流，如巴比倫之底格里斯與阿付臘底河，但其實仍只好算一個水系，而且又都是很小的。只有印度算有印度河與恆河兩流域，但兩河均不算甚大，其水系亦甚簡單，沒有許多支流。只有中國，同時有許多河流與許多水系，而且都是極大和極複雜的。那些水系，可照大小分成許多等級。如黃河、長江爲第一級，漢水、淮水、濟水、遼河等可爲第二級，渭水、涇水、洛水、汾水、漳水等則爲第三級、此下還有第四級第五級等諸水系，如汾水相近有涑水，漳水相近有淇水、濮水，入洛水者有伊水，入渭水者有灃水、滈水等。此等小水，在中國古代史上皆極著名。中國古代的農業文化，似乎先在此諸小水系上開始發展，漸漸擴大蔓延，彌漫及於整個大水系。我們只要把埃及、巴比倫、印度及中國的地圖仔細對看，便知其間的不同。埃及和巴比倫的地形，是單一性的一個水系與單一性的一個平原。印度地形較複雜，但其最早發展，亦只在印度北部的印度河流域與恆河流域，他的地形仍是比較單純。只有中國文化，開始便在一個複雜而廣大的地面上展開。有複雜的大水系，到處有堪作農耕憑藉的灌溉區域，諸區域相互間都可隔離獨立，使在這一個區域裏面的居民，一面密集到理想適合的濃度，再一面又得四圍的天然屏障而滿足其安全要求。如此則極適合於古代社會文化之醞釀與成長。但一到其小區域內的文化發展到相當限度，又可藉著小水系進到大水系，而相互間有親密頻繁的接觸。因此中國文化開始便易走進一個大局面，與埃及、巴比倫、印度、始終限制在小面積裏的情形大大不同。若把家庭作譬喻，埃及、巴比倫、印度是一個小家庭，他們只備一個搖籃，只能長育一個孩子。中國是一個大家庭，他能具備好幾個搖籃，同時撫養好幾個孩子。這些孩子成長起來，其性情習慣自與小家庭中的獨養子不同。這是中國文化與埃及、巴比倫、印度相異原於地理背景之最大的一點。

其次再有一點，則關於氣候方面。埃及、巴比倫、印度全都近在熱帶，全在北緯三十度左右，物產比較豐足，衣食易給，他們的文化，大抵從多量的閒暇時間裏產生。只有中國已在北溫帶的較北地帶，在北緯三十五度左右。黃河流域的氣候，是不能和埃及、印度相比的，論其雨量，也遠不如埃及、印度諸地之豐富。古代中國北部應該和現在的情形相差不遠，我們只看周初時代豳風七月詩裏所描寫那時的節令物產以及一般農民生活，便知那時情形實與現在山西、陝西一帶黃河、渭水附近甚相類似。因此中國人開始便在一種勤奮耐勞的情況下創造他的文化，較之埃及，巴比倫、印度之閒暇與富足的社會，又是絕不相似了。

二

根據上述，古代中國因其天然環境之特殊，影響其文化之形成，因有許多獨特之點，自亦不難想像而知。茲再約舉其大者言之。

第一：古代文化發展，皆在小環境裏開始，其缺點在於不易形成偉大的國家組織。獨有中國文化，自始即在一大環境下展開，因此易於養成並促進其對於政治、社會凡屬人事方面的種種團結與處理之方法與才能。遂使中國人能迅速完成為一內部統一的大國家，為世界同時任何民族所不及。

第二：在小環境裏產生的文化社會，每易遭受外圍文化較低的異族之侵凌，而打斷或阻礙其發展。獨有中國文化，因在大環境下展開，又能迅速完成國家內部之團結與統一，因此對於外來異族之抵抗力量特別强大，得以不受摧殘，而保持其文化進展之前程，逐漸發展。直至現在成為世界上文化緜歷最悠久的國家，又為世界任何民族所不及。

第三：古代文明多在小地面的肥沃區域裏產生，因此易於到達其頂點，很早便失卻另一新鮮向前的刺激，使其活力無地使用，易於趣向過度的奢侈生活，而招致社會內部之安逸與退化。獨有中國文化，因在較苦瘠而較廣大的地面產生，因此不斷有刺激與新發展的前途。而在其文化生長過程下，社會內部亦始終能保持一種勤奮與樸素的美德，使其文化常有新精力，不易腐化。直到現在，只有中國民族在世界史上仍見其有雖若陷於老朽，而仍有其內在尚新之氣概，此又為並世諸民族所不逮。

因於上述三點，所以中國文化經過二三千年的發展，完成了他的上古史之後，一到秦漢統一時代，正爲中國文化開始走上新環境、新氣象之另一進程，漸漸由黃河流域擴展至長江流域的時代。而與他同時的幾個文明古國，如埃及、巴比倫、印度，皆已在世界文化史上開始退出他們重要的地位，而讓給其他的新興民族來扮演另一幕的主角了。

三

若照全世界人類文化已往成績而論，便只有西方歐洲文化和東方中國文化兩大系統，算得源遠流長，直到現在，成爲人類文化之兩大主幹。我們不妨乘便再將此兩大文化約略作一簡單的比較。

歐洲文化的遠祖是希臘，希臘文化燦爛時期，正和中國西周乃至春秋、戰國時代相平行。但雙方有一極大的不同。希臘諸邦，雖則有他們共同的文化，卻從沒有他們共同的政治組織。希臘永遠是一種互相獨立的市府政治，每一市府，各成一單位。中國西周乃至春秋時代，雖亦同樣有許多國家，每一國家雖則幾乎亦同樣以一個城市，即中國古書中稱爲「國」的爲中心。但這些國家，論其創始，大體都由一個中央政府，即西周王室所分封，或經西周王室之正式承認。因此西周時代的中國，理論上已是一個統一國家，不過只是一種「封建式」的統一，而非後代「郡縣式」的統一而已。中國此時之所謂「封建」，亦和歐洲中世紀的封建不同。惟其如此，所以一到春秋時代，雖則西周王室東遷，他爲中原諸侯共主的尊嚴早已失去，但還可以有齊桓公、晉文公一輩在列國諸侯中稱霸爲盟主的起來，代替王室，繼續聯合和好與統一的工作。這是西方希臘政治所不能完成的。因此西方希臘諸市府，一到中國秦漢時代，便不免完全爲羅馬所吞滅，從此西方文化又要走入一新境界。但中國秦漢時代，卻並非如西方般，由外面來了一個新勢力，把舊有的中國吞滅，中國秦漢時代，只是在舊中國的內部，自身有一種改進，由封建式的統一，轉變而成郡縣式的統一，使其統一之性質與功能，益增完密與強固而已。

我們繼此可以說到西方羅馬與漢代之不同。羅馬政府的性質，論其原始也和希臘市府一般。後來逐步向外伸張，始造成一個偉大的帝國。這一個帝國之組織，有他的中心即羅馬城，與其四圍之征服地。這是在帝國內部顯然對立的兩個部分。至於中國漢代，其開始並沒有一個像希臘市府般的基本中心，漢代的中國，大體上依然承襲春秋、戰國時代來，只在其內部組織上，起了一種新變化。這一種變化，即如上節所說，由封建式的統一轉變成爲郡縣式的統一。因此漢代中國，我們只可說他有了一種新組織，卻不能說他遇到一個新的征服者。羅馬帝國由征服而完成。漢代中國則不然。那時的中國，早已有他二三千年以上的歷史，在商周時代，國家體制早已逐漸完成了。一到漢代，在他內部，另有一番新的政治組織之醞釀與轉化。因此在羅馬帝國裏面，顯然有「征服者」與「被征服者」兩部分之對立，而在漢代中國，則渾然整然，只是一體相承，並沒有征服者與被征服者之區分。西方習慣稱羅馬爲帝國（Empire），漢代中國決不然，只可稱爲一國家（Nation）。照西方歷史講，由希臘到羅馬，不僅當時的政治形態變了，由市府到帝國，而且整個的國家和人民的大傳統也全都變了，由希臘人及希臘諸市府變到羅馬人與羅馬帝國。而那時的中國，則人民和國家的大傳統，一些也沒有變，依然是中國人和中國，只變了他內部的政治形態，由封建到郡縣。

我們再由此說到羅馬覆亡後的西方中古時期，和中國漢代覆亡後之魏晉南北朝時期，兩者中間仍有顯著的不同。羅馬覆亡，依然和希臘覆亡一樣，是遇到了一個新的征服者，北方蠻族。此後的歐洲史，不僅政治形態上發生變動，由帝國到封建，而且在整個的人民和國家的大傳統上也一樣的發生變動，由南方羅馬人轉變到北方日耳曼人，又由羅馬帝國轉變到中世紀封建諸王國。中國漢代的覆滅，並不是在中國以外，另來了一個新的征服者，而仍然是在中國內部起了一種政治形態之動盪。東漢以後，魏、蜀、吳三國分裂，下及西晉統一，依然可以說是一種政治變動，而非整個民族和國家傳統之轉移。此後五胡亂華，雖有不少當時稱爲胡人的乘機起亂，但此等胡人，早已歸化中國，多數居在中國內地，已經同樣受到中國的教育。他們的動亂，嚴格言之，仍可看作當時中國內部的一種政治問題和社會問題，而非在中國人民與中國國家之外，另來一個新的征服者。若依當時人口比數論，不僅南方中國，全以中國漢人爲主體，即在北方中國，除卻少數胡族外，百分之八九十以上的主要户口依然是中國的漢人。當時南方政治系統，固然沿著漢代以來的舊傳統與舊規模，即在北朝，除卻王室由胡族爲之，其一部分主要的軍隊由胡人充任以外，全個政府，還是胡、漢合作。中國許多故家大族，没有南遷而留在北方的，依然形成當時政治上的中堅勢力，而社會下層農、工、商、賈各色人等，則全以漢人爲主幹。因此當時北朝的政治傳統，社會生活，文化信仰，可以說一樣承襲著漢代而仍然爲中國式的舊傳統。雖不免有少許變動，但這種變動，乃歷史上任何一個時代所不免。若單論到民族和國家的大傳統，文化上的大趨向，則根本並無搖移。

因此西方的中古時代，北方蠻族完全以一種新的民族出現而爲此下西方歷史之主幹，舊的羅馬人則在數量上已成被壓倒的劣勢而逐漸消失。反之，在中國史上，魏晉南北朝時代，依然以舊的中國人爲當時政治、社會、文化各部門各方面之主幹與中堅。至於新的胡人，只以比較的少數加入活動，如以許多小支流浸灌入一條大河中，當時雖有一些激動，不久即全部混化而失其存在了。這一層是中國魏晉南北朝時代和歐洲中古時期的絕大不同處。

因此西方的中古時期，可以說是一個轉變，亦可說是一個脱節，那時的事物，主要的全是新興的。北方日耳曼民族成爲將來歷史和文化之主幹，這是新興的。當時所行的封建制度，亦是新興的。西方的封建，乃羅馬政治崩潰後，自然形成的一種社會現象，根本與中國史上西周時代所謂的封建不同。中國的封建制度，乃古代中國統一政治進展中之一步驟、一動象；西方封建，則爲羅馬政治解消以後一種暫時脫節的現象。那時在西方主持聯合與統一工作的，主要者並非封建制度，而爲基督教的教會組織。這種教會組織又是新興的。希臘、羅馬和基督教會之三者，成爲近代西方文化之三主源。在中國魏晉南北朝時代，雖同樣有印度佛教之流入，並亦一時稱盛，但在歷史影響上，復與西方中古時期的基督教絕然不同。基督教是在羅馬文化爛熟腐敗以後，完全以新的姿態出現而完成其感化北方蠻族的功能的。但魏晉南北朝時代的中國，則以往傳統文化並未全部衰歇。孔子的教訓，依然爲社會人生之最大信仰與最大歸趨，只在那時又新增了一個由印度傳來的佛教，而一到唐代以後，佛教也到底與儒教思想相合流、相混化。因此我們可以說，在歐洲中古時期，論其民族，是舊的羅馬民族衰歇而新的日耳曼民族興起；在中國，則只在舊的中國漢民族裏面增加了一些新民族、新分子，胡人。論政治，在歐洲中古時期，是舊的羅馬統治崩潰，而新的封建社會興起；在中國，則依然是秦漢的政治制度之沿續，根本上並無多少轉換。論文化與信仰，在歐洲中古時期，則由舊的羅馬文化轉變到新的基督教文化；在中國，則依然是一個孔子傳統，只另外又加進一些佛教的成分。卻不能說那時的中國，由舊的孔教而變成爲新的佛教了。

由此言之，西方的中古時期，全是一個新的轉變，而魏晉南北朝時代的中國，則大體是一個舊的沿襲。那些王朝的起滅和政權之轉移，只是上面說的一種政治形態之動盪。若論民族和國家的大傳統，中國依然還是一個承續，根本没有搖移。

根據上述，來看近代西方新興的民族國家，他們在西洋史上，又都是以全新的姿態而出現的。論其民族和國家的大傳統，他們復和古代的希臘、羅馬不同。但中國史則以一貫的民族傳統與國家傳統而緜延著，可說從商周以來，四千年没有變動。所有中國史上的變動，傷害不到民族和國家的大傳統。因此中國歷史只有層層團結和步步擴展的一種緜延，很少徹底推翻與重新建立的像近代西方人所謂的革命，這是中西兩方歷史形態一個大不同處，因此而影響到雙方對於歷史觀念之分歧。西方人看歷史，根本是一個「變動」，常由這一階段變動到那一階段。若再從這個變動觀念上加進時間觀念，則謂歷史是「進步」的，人類歷史常由這一時代的這一階段，進展到另一時代的另一階段。但中國人看歷史，則永遠在一個根本上，與其說是變動，不如說是「轉化」；與其說是進步，不如說是「緜延」。中國人的看法，人類歷史的運行，不是一種變動，而是一種轉化；不是一種進步，而是一種緜延；並不是從這一階段變動、進步而達另一階段，只是依然在這一階段上逐漸轉化、緜延。

變動、進步是「異體的」；轉化、緜延則是「同體的」。變動、進步則由這個變成了那個；轉化、緜延則永遠還是這一個。因此西方人看歷史，常偏向於空間的與權力的「向外伸展」；中國人看歷史，常偏向於時間的與生長的「自我緜延」。西方人的看法，常是「我」與「非我」兩個對立；中國人的看法，只有「自我一體」渾然存在。雙方歷史形態之不同，以及雙方對於歷史觀念之不同，其後面便透露出雙方文化意識上之不同。這一種不同，若推尋根柢，我們依然可以說中西雙方全都受著一些地理背景的影響。中國在很早時期，便已凝成一個統一的大國家。在西方則直到近代，由中國人眼光看來，依然如在我們的春秋戰國時代，列國紛爭，還沒有走上統一的路。

中國歷史正因爲數千年來常在一個大一統的和平局面之下，因此他的對外問題常沒有像他對內問題那般的重要。中國人的態度，常常是反身向著內看的。所謂向內看，是指看一切東西都在他自己的裏面。這樣便成爲自我一體渾然存在。西方歷史則永遠在列國紛爭，此起彼仆的鬭爭狀態之下，因此他們的對內問題常沒有像他們對外問題那般的重要，西方人的態度，則常常是向外看的。所謂外看，是指看一切東西都在他自己的外面，所以成爲我與非我屹然對立。惟其常向外看，認爲有兩體對立，所以特別注意在「空間的擴張」，以及「權力」和「征服」上。惟其常向內看，認爲只有一體渾然，所以特別注意到「時間的緜延」以及「生長」和「根本」上。

四

其次說到雙方經濟形態。

中國文化是自始到今建築在農業上面的，西方則自希臘、羅馬以來，大體上可以說是建築在商業上面。一個是徹頭徹尾的農業文化，一個是撤頭撤尾的商業文化，這是雙方很顯著的不同點。

依西方人看法，人類文化的進展，必然由農業文化進一步變成商業文化。但中國人看法，則並不如此。中國人認爲人類生活，永遠仰賴農業爲基礎，因此人類文化也永遠應該不脫離農業文化的境界，只有在農業文化的根本上再加緜延展擴而附上一個工業，更加緜延展擴而又附上一個商業，但文化還是一線相承，他的根本卻依然是一個農業。

照西方人看，文化是變動的，進步的，由農到商截然不同。照中國人看，則文化還是根本的與生長的，一切以農爲主。這裏自然也有地理背景的影響。因爲西方文化開始如埃及、巴比倫等，他們本只有一個狹小的農業區，他們的農業文化不久便要達到飽和點，使他們不得不轉換方向改進到商業經濟的路上去。希臘、羅馬乃至近代西方國家莫不如此。在中國則有無限的農耕區域可資發展，因此全世界人類的農業文化，只有在中國得到一個繼長增榮不斷發展的機會。

中國歷史，在很早時期裏，便已有很繁榮的商業了。但因中國開始便成爲一個統一的大國，因此他的商業常是對內之重要性超過了對外。若西方各國，則常是對外通商的重要性超過了對內。因此雙方對商業的看法，也便有異。西方常常運用國家力量來保護和推進其國外商業。中國則常常以政府法令來裁制國內商業勢力之過分旺盛，使其不能遠駕於農、工之上。因此在西方國家很早便帶有一種近代所謂「資本帝國主義」的姿態，在中國則自始到今常採用一種近代所謂「民主社會主義」的政策。

再換辭言之，農業文化是自給自足的，商業文化是內外依存的。他是要吸收外面來營養自己的。因此農業文化常覺得內外一體，只求安足。商業文化則常覺彼我對立，惟求富强。結果富而不足，强而不安，因此常要變動，常望進步。農業文化是不求富强但求安足的，因此能自本自根一線緜延。

我們繼此講到科學和工業，科學知識和機械工業在現世界的中國是遠爲落後的。但中國已在歷史上，也不斷有科學思想與機械創作之發現。只因中國人常採用的是民主社會主義的經濟政策，「不患寡而患不均」，對於機械生產，不僅不加奬勵，抑且時時加以禁止與阻抑，因此中國在機械工業一方面，得不到一個活潑的發展。在中國的機械和工業，是專走上精美的藝術和靈巧的玩具方面去了。科學思想在中國之不發達，當然不止此一因，但科學沒有實際應用的機會，自爲中國科學不發達的最要原因之一。

五

其次我們再說到中西雙方對於人生觀念和人生理想的異同。

「自由」（Liberty & Freedom）一詞是西方人向來最重視的。西方全部歷史，他們說，即是一部人類自由的發展史。西方全部文化，他們說，即是一部人類發展自由的文化。「人生」「歷史」和「文化」，本來只是一事，在西方只要說到「自由」，便把這三方面都提綱挈領的總會在一處了。在中國則似乎始終並不注重「自由」這個字。西方用來和自由針對的，還有「組織」和「聯合」（Organization & Unity）。希臘代表著自由，羅馬和基督教會則代表著組織和聯合。這是西方歷史在西方文化的兩大流，亦是西方人生之兩大幹。我們只把握這兩個概念來看西方史，便可一一看出隱藏在西方歷史後面的一切意義和價值。

但中國人向來既不注重自由，因此也便不注重組織和聯合，因爲自由和聯合的後面，還有一個概念存在的，這便是「兩體對立」。因有兩體對立，所以要求自由，同時又要求聯合。但兩體對立，是西方人注重向外看，注重在空間方面看的結果。是由西方商業文化內不足的經濟狀態下產生的現象。中國人一向在農業文化中生長，自我安定，不須向外尋求，因此中國人一向注重向內看，注重在時間方面看，便不見有嚴重的兩體對立，因此中國人也不很重視自由，又不重視聯合了。中國人因爲常偏於向內看的緣故，看人生和社會只是渾然整然的一體。這個渾然整然的一體之根本，大言之自然是天，小言之，則是各自的小我，「小我」與「大自然」混然一體，這便是中國人所謂的「天人合一」。小我並不和此大自然體對立，只成爲此體之一種根荄，漸漸生長擴大而圓成，則此小我便與大自然融和而渾化了。此即到達天人合一的境界。中國大學一書上所說的修身、齊家、治國、平天下，一層一層的擴大，即是一層一層的生長，又是一層一層的圓成，最後融和而化，此身與家、國、天下並不成爲對立。這是中國人的人生觀。

我們若把希臘的自由觀念和羅馬帝國以及基督教會的一種組織和聯合的力量來看中國史，便得不到隱藏在中國史內面深處的意義與價值。我們必先瞭解中國人的人生觀念和其文化精神，再來看中國歷史，自可認識和評判其特殊的意義和價值了。但反過來說，我們也正要在中國的文化大流裏來認識中國人的人生觀念和其文化精神。

繼此我們再講到中西雙方的宗教信仰。西方人常看世界是兩體對立的，在宗教上也有一個「天國」和「人世」的對立。在中國人觀念裏，則世界只有一個。中國人不看重並亦不信有另外的一個天國，因此中國人要求永生，也只想永生在這個世界上；中國人要求不朽，也只想不朽在這個世界上。中國古代所傳誦的立德、立功、立言三不朽，便從這種觀念下產生。中國人只想把他的德行、事業、教訓永遠留存在這個世界、這個社會上。中國人不想超社會之外，還有一個天國。因此在西方發展爲宗教的，在中國只發展成「倫理」。中國人對世界對人生的義務觀念，反更重於自由觀念。在西方常以義務與權利相對立；在中國常以義務與自由相融和。「義務」與「自由」之融和，在中國便是「性」（自由）與「命」（義務）之合一，也便是「天人合一」。

西方人不僅看世界常是兩體對立，即其看自己個人，亦常是兩體對立的。西方古代觀念，認人有靈魂、肉體兩部分，「靈魂」部分接觸的是理性的「精神世界」，「肉體」部分接觸的是感官的「物質世界」。從此推衍，便有西方傳統的「二元論」的哲學思想。而同時因爲西方人認爲物質世界是超然獨立的，因此他們才能用純客觀的態度來探究宇宙而走上科學思想的大園地。中國人則較爲傾向「身心一致」的觀念，並不信有靈肉對立。他看世界，亦不認爲對我而超然獨立，他依然不是向外看，而是向內看。他認爲我與世界還是息息相通，融爲一體。儒家思想完全以「倫理觀」來融化了「宇宙觀」，這種態度是最爲明顯了。即在道家，他們是要擺脫儒家的人本主義，而從宇宙萬物的更廣大的立場來觀察真理的，但他們也依然保留中國人天人合一的觀點，他們並不曾從純客觀的心情上來考察宇宙。因此在中國道家思想裏，雖有許多接近西方科學精神的端倪，但到底還發展不出嚴格的西方科學來。

以上所述，只在指出中西雙方的人生觀念、文化精神和歷史大流，有些處是完全各走了一條不同的路。我們要瞭解中國文化和中國歷史，我們先應該習得中國人的觀點，再循之推尋。否則若從另一觀點來觀察和批評中國史和中國文化，則終必有搔不著痛癢之苦。

第二章　國家凝成與民族融和

我們要講述中國文化史，首先應該注意兩事。

第一：是中國文化乃由中國民族所獨創，換言之，亦可說是由中國國家所獨創。「民族」與「國家」，在中國史上，是早已「融凝為一」的。

第二：此事由第一事引申而來。正因中國文化乃由一民族或一國家所獨創，故其文化演進，四五千年來，常見為「一線相承」，「傳統不輟」。只見展擴的分數多，而轉變的分數少。

由第一點上，人們往往誤會中國文化為單純；由第二點上，人們又往往誤會中國文化為保守。其實中國文化，一樣有他豐富的內容與動進的步伐。

一

現在先說到中國民族。

這在古代原是由多數族系，經過長時期接觸融和而漸趨統一的。迨其統一完成之後，也還依然不斷的有所吸收融和而日趨擴大。這仍可把上章所述的河流為喻。中國民族譬如一大水系，乃由一大主幹逐段納入許多支流小水而匯成一大流的。在歷史上約略可分成四個時期：

第一期：從上古迄於先秦。這是中國民族融和統一的最先基業之完成。在此期內，中國民族即以華夏族爲主幹，而納入許多別的部族，如古史所稱東夷、南蠻、西戎、北狄之類，而融和形成一個更大的中國民族，這便是秦漢時代之中國人了。亦因民族融和之成功，而有秦漢時代之全盛。

第二期：自秦漢迄於南北朝。在此期內，尤其在秦漢之後，中國民族的大流裏，又容匯許多新流，如匈奴、鮮卑、氐、羌等諸族，而進一步融成一個更新更大的中國民族，這便是隋唐時代的中國人了。這又因民族融和之成功，而有隋、唐時代之全盛。

第三期：自隋唐迄於元末。在此期內，尤其在隋唐以後，又在中國民族裏匯進許多新流，如契丹、女真、蒙古之類，而再進一步形成明代之中國人。這裏第三次民族融和之成功，因而有明代之全盛。

第四期：直自滿洲入關至於現代，在中國民族裏又繼續融和了許多新流，如滿洲、羌、藏、回部、苗、猺等，此種趨勢，尚未達到一止境。這一個民族融和之成功，無疑的又將爲中國另一全盛時期之先兆。

上面四個段落，僅是勉强劃分以便陳說。其實中國民族常在不斷吸收，不斷融和，和不斷的擴大與更新中。但同時他的主幹大流，永遠存在，而且極明顯的存在，並不爲他繼續不斷地所容納的新流所吞滅或衝散。我們可以說，中國民族是稟有堅强的持續性，而同時又具有偉大的同化力的。這大半要歸功於其民族之德性與其文化之內涵，關於這一層，我們在下面將絡續申述。

二

其次說到國家。

中國人很早便知以一民族而創建一國家的道理，正因中國民族不斷在擴展中，因此中國的國家亦隨之而擴展。中國人常把「民族」觀念消融在「人類」觀念裏，也常把「國家」觀念消融在「天下」或「世界」的觀念裏。他們只把民族和國家當作一個文化機體，並不存有狹義的民族觀與狹義的國家觀，「民族」與「國家」都只爲文化而存在。因此兩者間常如影隨形，有其很親密的聯繫。民族融和即是國家凝成，國家凝成亦正爲民族融和。中國文化便在此兩大綱領下，逐步演進。

就西方而言，希臘人是有了民族而不能融凝成國家的；羅馬人是有了國家而不能融凝爲民族的。直到現在的西方人，民族與國家始終未能融和一致。中國史上的「民族融和」與「國家凝成」之大工程，很早在先秦時代已全部完成了。而且又是調和一致了。我預備在本章裏約略敘述其經過。但在此有一事，須先申述。中國民族是對於人事最具清明的頭腦的，因此對歷史的興趣與智識亦發達甚早。遠在西元前八百四十一年，即中國西周共和元年以來，中國人便有明確的編年史，直到現在快近三千年，從未間缺過。即在此以前，中國也有不少古籍記載，保存到現在。而且此等古籍，早已對歷史與神話有很清楚的分別。因此中國古史傳說，雖也不免有些神話成分之羼雜，但到底是極少的。我們現在敘述中國古代，也不必拘泥以地下發掘的實物作根據。因爲在中國最近數十年來地下發掘的古器物與古文字，大體都是用來證明，而不是用來推翻古史記載的。

以下我們對於古代中國「民族融和」與「國家凝成」之兩大事業，分成五個段落來加以敘述。

三

中國民族之本幹，在春秋時代人的口裏，常稱爲諸華或諸夏，華與夏在那時人的觀念裏，似乎沒有很大分別。據有些學者的意見，華與夏很可能本是指其居住的地名。在周禮和國語兩書裏，華山是在河南境內的，很可能便是今之嵩山，故今密縣附近有古華城。而夏則爲水名。古之夏水即今之漢水。華夏民族，很可能指的是在今河南省嵩山山脈西南直到漢水北岸一帶的民族而言。夏代的祖先即在此一帶，若再由夏代逆溯上去，則黃帝、虞舜等的故事，也在這一帶的相近地面流傳。至於更推而上，說到中國民族的原始情形，則現在尚難詳定。大體上中國民族遠在有史以前，早已是中國的土著了。他們散居在中國北方平原上，自然可以有許多支派和族系的不同。但因中國北方平原，區域雖廣，而水道相錯，易於交通，再則各地均同樣宜於農業之發展，生活情形易於同化，因此中國人在很早有史以前，各地相互間也早已有一種人文同化之趨向。由此在很早也就能形成為一個大民族，即後代所謂的華夏民族。

華夏民族乃中國民族之主幹，因此中國古代史也以華夏民族為正統。在中國古史傳說裏，最早而比較可信的，有神農、黃帝的故事。這便是華夏族中的兩大支。中國在很早的古代，即有一種「氏姓」的分別。大抵男子稱「氏」，表示其部落之居地；女子稱「姓」，表示其部落之血統。在很早時代，中國似乎已有一種「同姓不婚」的習慣，因此各部落的男女，必與鄰居部落通婚姻。這一制度，也是促進中國人很早就能相互同化形成一大民族的原因。黃帝屬於姬姓，神農屬於姜姓。姬、姜兩部族，在華夏系裏是比較重要的兩支。他們的居地，大抵全在今河南省境。黃帝部族稍偏東，在今河南省中部襄城、許昌、新鄭一帶。神農部族稍偏西，在今河南省西部南陽、內鄉一帶，或直到今湖北省隨縣境。我們約略可以說，黃帝部族在淮水流域，神農部族則在漢水流域。兩部族東西對峙而又互通婚姻。古史傳說，神農氏母親，乃黃帝部族裏一個后妃。此雖不可即信，但卻說明了此兩部族互通婚姻，其來已久。古史又說，黃帝與神農氏後裔戰於阪泉之野。據本書作者推測，阪泉應在今山西省南部解縣境。大抵這兩部族的勢力均在向北伸展，渡過黃河。解縣附近有著名的鹽池，或爲古代中國中原各部族共同爭奪的一個目標。因此佔到鹽池的，便表示他有爲各部族間共同領袖之資格，黃、農兩部族在此戰爭，殆亦爲此。此後華夏族的勢力，向西伸展，到渭水流域，因此現在的華山便成爲陝西的山名了。華夏族的勢力向北伸展，到汾水流域，因此今山西省南境，在古代也稱爲夏墟了。在中國古史裏往往只看地名遷徙，可以推溯出民族遷徙的痕跡來。

中國古代各部族間，既已很早便通婚姻，則相互間必有許多問題待求解決，於是各部族間遂有推出一個公認的「共主」之必要。此事在黃帝、神農的傳說裏，已透露得很明白。此共主的資格，似乎最先由神農部族所傳襲，以後則爲黃帝部族所奪取，但稍後到唐、虞時代，似乎有一種新的推選方法，即所謂「禪讓制度」的產生。自有禪讓制度，便可免得兵戎相爭。根據孟子萬章篇和尚書堯典所說，這一制度大體如下：

舊的共主先因其他各部族領袖之推舉（「岳牧咸薦」）而預行物色其繼承人，待繼承人選確定，則在舊共主的晚年，先使繼承人暫代政務，堯老舜攝，又曰舜相堯。一面藉資歷練，一面亦備考驗，舊共主死後，繼承人正式攝政三年，然後退居以待各方意見之表示。後世相傳的三年之喪，即由此起，在此三年之喪的時期內，一切政事由冢宰主持，新王不參加預聞。若各方一致擁戴，則新共主地位始確立，舜、禹皆由此取得其新共主的資格。

孟子、堯典的敘述，是否全屬當時實情，現在無從懸斷。但堯、舜、禹的禪讓時代無疑的爲春秋、戰國時一致公認的理想黃金時代。堯、舜、禹諸人，也爲當時一致公認的理想模範皇帝。我們現在説唐、虞時代尚爲中國古代各部族間公推共主的時期，這大致是可信的。直要到夏禹以後，始由禪讓改成傳子之局，此後的中國史，遂有正式數百年繼統傳緒的王朝。

四

中國古代史，直到夏王朝之存在，現在尚無地下發現的直接史料可資證明，但我們不妨相信古代確有一個夏王朝，這有兩層理由。

第一：是尚書裏召誥、多士、多方諸篇，西周初年的君臣，他們追述以前王朝傳統，都是夏、殷、周連説，這是西周初年人人口中的古史系統，宜可遵信。

第二：是近代安陽殷墟發掘的龜甲文字，記載商湯以前先王先公的名號，大致與史記商本紀所載相同。這些王公的年代正與夏朝同時，我們既知太史公對商代世系確有根據，也可信他記夏代世系別有來歷。因此我們雖未發現夏代文獻的地下證據，但已可從殷墟遺物上作一間接的證明。

根據古代傳說，夏朝有十七君十四世四百七十多年。夏部族開始，大約在今河南省伊、洛兩水上源嵩山山脈附近，禹都陽城，在今河南登封縣。此後夏朝的勢力，逐漸渡河北向，直到今山西省南部安邑一帶，與唐、虞部族相接觸，因此古史上也常常虞、夏並稱，正可證明這兩支的接近。後來夏王朝的勢力，又沿黃河東下，直達今河北、山東、安徽諸省境，而與商部族相接觸。

繼夏而起的爲商朝，其存在已有安陽殷墟遺物可資直接證明。其開始建立者商湯，都亳即商邱，在今河南省東部之歸德。他本是夏代一諸侯，後來以兵伐夏，代爲天子。在他前後商代都邑，曾屢經遷徙，直到盤庚，始定居今河南省北部之安陽。據說商代有三十一世，六百餘年，又一說是二十九王，四百九十多年，單說他在安陽一段的歷史已有二百七十多年了。他們自稱其居地曰「大邑商」，這大概是表示他們統治各方爲萬邦共主的意思。那時在陝西省渭水下流的周部族，對商的關係上，根據殷墟甲文有稱「周侯」的，可見在政治意味上他們顯有主屬關係。那時商朝的政治威力，至少在政治名分上，已從今河南安陽向西直達陝西之西安。這已超過今日一千五百里的遙遠路程以外。若把安陽作一中心，向四圍伸展，都以一千五百裏爲半徑，則商朝的政治規模必已相當可觀。

又據殷墟出土古物中，有鯨魚骨和鹹水貝等，可見殷代當時，對於東海沿岸之交通，必甚頻繁。貝應爲貨幣之用，則那時已早有相當的商業了。

繼續商朝的周代，那時文字記載的直接史料，留傳到今的更多了，我們對於周代的一切史實，知道得更詳盡更確實。大抵周代有三十七王八百六十七十年，其間又分西周與東周。東周以下，中國史家別稱之爲春秋、戰國時代。單是西周一段自武王滅殷至幽王被殺，約佔三百五十多年。

我們現在再從夏、殷、周三代的都邑上來看：夏都陽城、安邑；周都豐、鎬在今陝西省西安境，全在偏西部分。殷都商邱、安陽，則在偏東部分。周人姬姓，與黃帝同一氏族。夏、周兩朝，似應同爲華夏系之主要成分。商人偏起東方，或應屬之東夷，與黃帝、夏、周諸部，初不同宗，但夏人勢力逐漸東伸，已與商族勢力接觸，而文化上亦得調和。隨後商人勢力西伸，代夏爲中國共主，文化上之調和益密。繼此周人又自西東展，代商爲天下共主。那時的商人，便早已融和在華夏系裏而成爲華夏民族新分子之一支。這正可爲上文所說民族融和與國家凝成同時並進的一個好例。

五

西周時代最重要的事件，厥爲「封建制度」之創始。但我們根據殷墟甲文材料，封建制度，早在商代已有。我們若把許多諸侯公認一王朝為共主，認為是封建制度之主要象徵，則理論上，遠在夏朝成立，那時便應有封建制度存在了。所以中國古史上多說封建起於夏代，實非無因。但一到西周初年的封建，則實在另以一種新姿態而出現，所以我們也不妨說，封建制度由西周正式創始。西周初年的封建制度是周部族一種武裝的移民墾殖與政治統治。經過西周初年兩次對殷決戰，周人絡續將其宗族與親戚不斷分封到東方，成為西周統治東方各部族的許多相互聯繫的軍事基點，因此造成中國史上更强固的統一王朝。在武王、成王兩世，西周已建立了七十多個新諸侯，這裏面有五十多個是西周同姓，此外大概亦多周代的姻戚與功臣。因此我們可以說，西周封建，實在是中央共主勢力更進一步的完成。

但西周封建也並不專在狹義的統治方面打算。除卻分封同姓姻戚外，以前夏、殷兩朝之後裔，以及其他古代有名各部族的後代，周人也一一為他們規劃新封地或保留舊疆域，這所謂「興滅國，繼絕世。」而且允許他們各在自己封域內，保留其各部族傳統的宗教信仰與政治習慣。因此我們還可以說，西周封建，實在包含著兩個系統，和兩種意味：

一是「家族」系統的「政治」意味。

一是「歷史」系統的「文化」意味。

前一系統，屬於空間的展拓；後一系統，屬於時間的緜歷。此後中國文化的團結力，完全栽根在「家族」的與「歷史」的兩大系統上。而西周封建制度，便已對此兩大系統兼顧並重。可徵當時在政治上的實際需要之外，並已表現著中國傳統文化甚深之意義，這是尤其值得我們注意的。

論到當時周天子與諸侯間的相互關係，似乎只有一種頗爲鬆弛的聯繫，諸侯對其自己封地內一切措施，獲有甚大自由。然正因此故，更使周王室在名分上的統治，益臻穩固。這些據說全是西周初年大政治家周公的策劃。無怪將來的孔子，要對周公十分嚮往了。

再從另一方面說，周代封建和夏、殷兩朝的不同。大體上，夏、殷兩朝是多由諸侯承認天子，而在周代則轉換成天子封立諸侯。這一轉換，王朝的力量便在無形中大增。那時天子與諸侯間，有王室特定的朝覲（諸侯親見天子之禮）、聘問（派遣大夫行之）、盟會（有事則會，不協則盟）、慶弔諸禮節，而時相接觸；又沿襲同姓不通婚的古禮，使王室與異姓諸侯以及異姓諸侯相互間，各以通婚關係而增加其親密。因此數百年間的周朝，可以不用兵力，單賴此等鬆弛而自由的禮節，使那時的中國民族益趨融和，人文益趨同化，國家的向心力亦益趨凝定。這便是中國傳統的所謂「禮治」精神。這一種禮治精神，實在是由封建制度下演進而來。

若論周代疆域，較之夏、商兩朝亦更擴大。周天子都豐、鎬，在今陝西省西安境，但其封國，在東方的如齊（山東臨淄）、魯（山東曲阜）、吳（江蘇）、燕（河北），都已直達海濱，黃河上下游已緊密聯合在同一政治體制之下。商代遺臣箕子，遠避朝鮮半島，周王室因而封之，朝鮮半島的文化即由此啟發。古代傳說那時又有越裳氏來朝，越裳是今之安南。安南半島和朝鮮半島，一在中國之西南，一在中國之東北，同樣在很早時期裏便受到中國文化之薰陶與覆育。

以上所述，自唐、虞時代諸部族互推共主，進至夏、商王朝的長期世襲，再進之於周代之封建制度，從政治形態的進展上看，可說是古代中國國家民族逐步融和與逐步統一下之前半期的三階段。中國經此三階段，已經明白確立了一個國家民族和文化之單一體的基礎。西周末年，正當西元前七七一年，距西方希臘第一次舉行奧靈辟克賽神競技不遠的時代，那時西周王室的地位，雖一時發生動搖，但中國人對民族融和與國家凝成的工作，已經有了很深厚的成績。並不因此中止，下面便是所謂春秋、戰國時代。

現在再把上述三時期的年代，約略推記如下：

中國歷史由西周中葉共和元年（西元前八四一年）以下，是有明確年歲可記的，以前則不甚準確，但大體可以推定。西周初年約當西元前一一三〇年左右。

從此再推上二百七十年，當西元前一四〇〇年間，則為商王盤庚定居安陽的時代。從此再推上三〇〇年，約當商王朝初創之時期，則為西元前之一七〇〇年。

再推上五百年，當西元前二二〇〇年左右，應當中國史上之虞、夏禪讓時代。再上則不可細推了。

自從虞、夏禪讓到西周王室傾覆，平王東遷洛邑（西元前七七〇），中間經歷一千五百年左右，始終有一中央共主的存在。而且此一共主的地位繼續强固，勢力繼續擴大，這正是中國歷史上民族融和與國家凝成的兩大事業正在繼續進展中一個極好的說明。

六

此下再說到東周春秋和戰國時代。

東周以下春秋、戰國時代從政治意識與政治形態的進展上看，可以說是從「霸諸侯」到「王天下」的時代。春秋二百四十年是霸諸侯的活動時期，戰國二百三十年則爲王天下的活動時期。用現代術語來說，霸諸侯是「完成國際聯盟」的時期，王天下是「創建世界政府」的時期。

當西周王室避犬戎之禍東遷雒邑（今河南省洛陽）以後，周天子在政治上共主的尊嚴，急速崩頹，封建諸侯相互間的聯繫亦因此解體。列國各務侵略，兵爭不息，各國內部亦政潮迭起，篡弒相尋，因此更招致異族戎狄侵凌之禍。（戎狄詳細見下）在此局面下，便有霸者蹶起。當時的霸業便是諸夏侯國間的一種新團結。霸業最先創於齊，以後則落於晉（今山西省曲沃附近）。齊國姜姓，爲周代之姻戚，晉國姬姓，爲周代之宗族。

所謂霸業是要把當時諸夏侯國重新團結起來，依舊遵守西周王室規定下的封建制度和封建禮節。對外諸侯間不得相互侵略，對內禁止一切政權的非法攘奪。如此便逐漸形成了一個當時國際的同盟團體，又逐漸製下了許多當時的國際公法。他們在名義上仍尊東周王室爲共主，實際則處理一切國際紛爭與推行一切國際法律的，其權皆由霸國即盟主任之。

凡加入同盟的國家，每年皆須向盟主納一定的貢賦，在經濟上維持同盟的存在。遇有戰事，經盟主召集，凡屬同盟國家，皆須派遣相當軍隊，組織聯軍，聽盟主國指揮作戰。凡屬同盟國，遇有敵寇，均得向盟主國或其他同盟國乞援。同盟國家相互間，則不得有侵略及戰爭。凡遇外交爭議，皆由各國申訴於盟主國，聽候仲裁。其性質較嚴重者，則由盟主國召集各同盟國開會商處。爭議之一方不服仲裁，得由盟主國主持聲討。各同盟國內部政爭，亦同樣由盟主國或盟國仲裁。常有國君理屈敗訴。卿大夫理直勝訴的。至於新君即位，均須得同盟國承認。若由內亂篡弒得國，同盟不僅不加承認，並可出師討伐，驅逐叛黨，另立新君。遇有國內災荒等事，同盟國均有救濟之義務，亦由盟主國領導辦理。當時許多諸夏侯國間，完全靠了這一個國際組織，保持他們對內對外的安全，達於百年以上。我們可以說春秋時代的霸主，在政治名分上，雖不如西周王室之尊嚴，但在政治事業的實際貢獻上，則較西周王室更偉大。

在當時不參加此等同盟事業的，在北方則爲戎狄，在南方則有楚國。這些在當時都認爲不屬於諸夏之內的。戎狄大多是游牧部落，與諸夏城郭耕稼的生活不同，文化較低，因此頗少加入。楚國則僻在江、漢之間，與北方諸侯相隔亦遠。舊說其國都在今湖北省之江陵，然恐當在今湖北襄陽、宜城一帶爲是。他志在兼併，亦不願加入聯盟，自受拘束。後來北方諸戎狄，經同盟國壓制，漸不爲患。獨剩南方楚國，乘機併吞漢水、淮水一帶的小諸侯，變成一特別强大的國家，與北方的國際同盟雙方對峙，時起鬪爭。到後來，楚國亦漸受北方諸夏的文化感染，漸知專靠武力，無法併吞北方諸侯，遂亦要求加入同盟團體，以得任盟主爲條件。一面可得同盟每年貢賦，有經濟上的實利，一面亦可滿足他在國際上光榮地位之野心。於是南楚北晉，更番迭主中原諸侯之盟會。在當時曾舉行過一次極有名的弭兵大會，（西元前五四六）即由楚國新加入國際同盟團體而召集。

楚國以外，西方有秦國（今陝西省鳳翔縣），東南方有吳國（今江蘇省吳縣）與越國（今浙江省紹興縣），亦模仿楚國先例，先後加入同盟團體，而爲其盟主。楚國、吳國當時稱爲荆蠻，吳國雖亦姬姓，與周人爲近親，但遠封江南，早與荆蠻同化。越國則爲百越。荆蠻、百越同非諸夏系統，自從他們加入同盟，中原諸夏文化，遂逐漸由黃河流域推擴到長江流域。秦國爲嬴姓，初本東夷之一支，封在西土，又雜有戎風。秦國加入諸夏聯盟，這是當時黃河流域東西雙方又增了一度的結合。因此我們可以說，當時霸業的逐漸擴大，即是諸侯間聯合的逐漸擴大，亦即是中國國家民族大一統事業之逐漸進展與完成。春秋時代幾乎全是這一個霸業活動的時代。

但是春秋時代的霸業，論其實際，是向著兩個方面同時並進的，一方面是朝向「和平」，另一方面則朝向「團結」。和平與團結，本是同一要求之兩面。因此在當時雖然不斷的提倡國際聯盟弭兵大會等種種和平運動，而同時國際兼併的趨勢也還在進行。總論春秋時代，可考見的諸侯，約有一百三十餘個，而後來較大的只賸十二國（此據史記十二諸侯年表）其名如下：

魯、齊、晉、楚、宋（今河南商邱）、衛（今河南滑縣，遷濮陽）、陳（今河南淮陽）、蔡（今河南上蔡，遷新蔡，又遷安徽壽縣）、曹（今山東定陶）、鄭（今河南新鄭）、燕（今河北北平）。秦（今陝西咸陽）。

直到戰國中晚時期。變成七雄並峙：

秦（今陝西咸陽）、魏（今河南開封）、韓（今河南新鄭）、趙（今河北邯鄲）、燕（今河北北平）、齊（今山東臨淄）、楚（今湖北宜城，遷安徽壽縣）。

那時霸諸侯的事業，再不爲世所重，幾個大強國，漸漸夢想著王天下。「王天下」是一種代替周王室來重新統一天下的意思。最先是各國相互稱「王」，表示他們的地位已與周天下平等。以後則更强大的改稱「帝」，以示比較諸王的地位又高一層。直到秦國統一六國，秦君遂自稱「始皇帝」。「皇帝」的稱號，是連合古代統治者最尊嚴的稱號「皇」和「帝」兩名而成，表示秦代的統治，已超出歷史上從古未有之境界。我們若從中國古史上國家與民族大統一完成之歷程觀之，秦始皇帝的統一，實在是一點不差，已達到這一進程之最高點了。

在當時中國人眼光裏，中國即是整個的世界，即是整個的天下。中國人便等於這世界中整個的人類。當時所謂「王天下」，實即等於現代人理想中的創建「世界政府」。凡屬世界人類文化照耀的地方，都統屬於惟一政府之下，受同一的統治。「民族」與「國家」，其意義即無異於「人類」與「世界」。這一個理想，中國人自謂在秦代的統一六國而實現完成了。所以中庸上說：「今天下車同軌，書同文，行同倫、舟車所至，人力所通，天之所覆，地之所載，日月所照，霜露所墜，凡有血氣者，莫不尊親。」這種境界，便是說全世界人類都融凝成爲一個文化團體了。只在這一種境界下的最高領袖，才如上帝般，一視同仁，不再有彼我對峙的界線了。只有他受了全世界人類之尊親，所以說他是「配天」，與天爲配，這才當得上「天子」的稱號。這是當時中國人政治、宗教合一同流的大理想，我們在下一章裏再要述及。

七

現在我們把上面所說再加以簡括的綜述。中國古代史上的「民族融和」與「國家凝成」兩大功業，共分爲五個階段而完成：

一、最先是禪讓制度，由各族互推共主，此為唐、虞時代。

二、其次為王朝傳統制度，各族共認的王朝，父子相傳（如夏）或兄弟相及（如殷，兄弟相及只是父子相傳之變相，最後還要歸到父子相傳）。繼世承繩，為天下之共主，此為夏、商時代。

三、又其次為封建制度，諸侯由王朝所建立，而非王朝由諸侯所尊認，此為西周時代。

四、其次為聯盟制度，由諸侯中互推霸主，自相團結，王朝退處無權，此為春秋時代。

五、最後為郡縣制度，全國只有一王朝，更無諸侯存在。此為戰國末年所到達的情形。

在此國家體制的逐步完成裏，民族界線亦逐步消失，這是中國史上民族融和與國家凝成之五大時期。

當秦始皇帝開始統一，適當西曆紀元前二二一年，那時西方希臘已衰，羅馬未盛，他們的文化進程中，早已經歷過不少單位與中心。但在中國文化系統裏，卻始終保持著一貫的傳統，繼續演進，經歷兩千多年，五大階段，而終於有這一個在當時認為理想的「世界政府」之出現，這不能不說是中國文化史上一個莫大的收穫。

第三章　古代觀念與古代生活

中國古代史上，如何達到「國家凝成」「民族融和」的世界大統一的五個階程，已在上節說過，現在讓我們轉一視向，來看一看古代人的各種觀念及其生活情況。

一

第一：先講到他們的「民族觀念」。

古代的中國人，似乎彼此間根本便沒有一種很清楚的民族界線。至少在有史記載以後是如此的。或者他們因同姓不通婚的風俗，使異血統的各部族間，經長時期的互通婚媾而感情益臻融和。一面由於地理關係，因生活方式互相一致，故文化亦相類似。更古的不能詳說了，只看西周部族，在其尚未與商王朝決裂之前，雙方亦常互通婚姻。周文王的母親太任，從殷王朝畿內摯國遠嫁而來。周武王的母親太姒，是莘國的女兒。姒姓屬夏部族，任姓屬商部族。我們只看周文王、武王兩代的母親，便見那時夏、商、周三部族是互通婚姻的。商、周之際兵爭的前後，周王室對周族及商族人種種文告，亦並沒有根據民族觀點的說話，他們只說商王室不夠再做天之元子，不配再爲天下之共主而已。並不絲毫有商、周之間相互爲異民族的意識之流露。到春秋時代，齊桓公創霸業，宋國首先贊助，宋襄公因此繼齊稱霸。那時許多姬、姜兩族的國家，並不把宋國當作異族看，宋國人亦絲毫不像有民族仇恨的痕跡可以推尋。孔子先代是宋國貴族，但絕對看不出在孔子生平有一點商、周之間的民族疆界的觀念與意識。當時政治界乃至學術界所稱的諸夏中間，兼包有夏、商、周三代的後裔，是絕無可疑的。

我們再進一步考察當時對於蠻、夷、戎、狄的稱呼，則更見當時所謂諸夏與蠻夷的分別，並不純是一種血統上種姓上的分別，換言之，即並不是一種民族界線。據左傳史記的記載，晉獻公一夫人爲晉文公母親的，叫大戎狐姬，晉獻公另一夫人驪姬，乃驪戎之女，可見狐戎、驪戎，若論血統皆屬姬姓，與晉同宗，但當時卻都稱作戎。又晉獻公另一夫人爲晉惠公母親的，叫小戎子，子姓爲商代後裔，而當時亦稱爲戎。其他尚有姜氏之戎，則與齊國同宗。再看史記，又稱晉文公母親乃翟之狐氏女；又說晉文公奔狄，狄其母國，可見這裏的狐戎又稱狄。戎、狄二名有時可以互用，在當時並非純指兩種血統不同的異族。狐家如狐突、狐毛、狐偃、狐射姑，（即賈季）一門三世爲晉名臣。晉卿趙盾亦是狄女所生，赤狄、白狄終春秋世常與晉室通婚。我們只看一晉國，便知當時盤踞山西、陝西兩省許多的戎狄，根本上並不像全是與諸夏絕然不同的兩種民族。秦爲周代侯國，又是晉國的婚姻之邦，趙乃晉之貴卿，以後秦、趙爲戰國七强之二，秦國完成了統一中國的大業。但其同宗的徐，（在今安徽省泗縣）尚書裏稱之爲淮夷、徐戎，則在當時是被目爲東夷的。春秋時齊國晏平仲爲名大夫，曾與孔子有交，但晏子是萊人，萊在當時亦被目爲萊夷。孟子生於鄒，春秋時爲邾，邾在春秋時人目光中亦常視爲東夷。楚國自稱蠻夷，但春秋中葉，晉、楚互爲諸夏盟主，到戰國時，楚國也常爲盟主。據古史傳說，秦、楚皆帝顓頊之後，皆是黃帝子孫。此層現在無可詳證。要之到春秋戰國時，所謂南蠻與東夷無疑的亦皆與諸夏融和，確然成爲中華民族之一體了。

因此我們可以說，在古代觀念上，四夷與諸夏實在另有一個分別的標準，這個標準，不是「血統」而是「文化」。所謂「諸侯用夷禮則夷之，夷狄進於中國則中國之」，此即是以文化爲「華」「夷」分別之明證。這裏所謂「文化」，具體言之，則只是一種「生活習慣與政治方式」。諸夏是以農耕生活爲基礎的城市國家之通稱，凡非農耕社會，又非城市國家，則不爲諸夏而爲夷狄。在當時黃河兩岸，陝西、山西、河南、河北諸省，尤其是太行山、霍山、龍門山、嵩山等諸山脈間，很多不務農耕的游牧社會。此諸社會，若論種姓，有的多與中原諸夏同宗同祖。但因他們生活習慣不同，他們並未完全走上耕作方式，或全不採用耕作方式，因此亦無諸夏城郭、宮室、宗廟、社稷、衣冠、車馬、禮樂、文物等諸規模，諸夏間便目之謂戎狄或蠻夷。此等戎狄或蠻夷，其生活方式，既與城市國家不同，因此雙方自易發生衝突。其他亦有雖是農業社會，雖亦同樣爲城市國家，但因他們抱有武力兼併的野心，不肯加入諸夏和平同盟的，此在同盟國看來，這樣的國家，其性質亦與山中戎狄河濱蠻夷相差不遠，因亦常以戎、狄、蠻、夷呼之。如春秋初期及中期的楚國，即其一例。又如吳國，他是西周王室宗親，但因僻在長江下游，距離當時文化中心過遠，其社會生活國家規模都趕不上中原諸夏，遂亦被目爲蠻夷。以後他與中原諸夏交通漸密，漸漸學到諸夏一切規模文物之後，諸夏間亦即仍以同文同種之禮待之。更可見的，如春秋時的秦國，僻居陝西鳳翔，他的一切社會生活本遠不及東方諸夏，但東方諸夏卻並不以夷狄呼之。逮及戰國時，秦孝公東遷咸陽，國內變法，其一切政制與社會生活，較春秋時代進步得多，但那時的東方人卻反而常稱他爲蠻夷，越到後期越更如此。此正因爲秦國在戰國後期，獨對東方各國採取强硬的侵略態度之故。所以戰國時代之秦國，其地位正如春秋時代之楚國，只因爲他是一個侵略國，所以東方諸夏斥之爲蠻夷。

可見古人所謂蠻、夷、戎、狄，其重要的分別，不外兩個標準：

一、他的「生活方式」不同，非農業社會，又非城市國家。

二、因其未參加「和平同盟」，自居於「侵略國」的地位。

這在那時便都叫做蠻、夷、戎、狄。直到秦始皇時代，中國統一，全中國只有一個政府，而各地方亦都變爲農業社會了。國家統一而民族亦統一，凡屬國民，即全爲諸夏，便更無蠻、夷、戎、狄的存在了。

我們現在若把秦漢時代的中國人，加以民族上的分析，應該可有如下之諸系。

一：是華夏系，此爲中國民族最要之主幹。夏、周兩代屬之。

二：是東夷系，殷人或當屬此系。此外如東方徐國、西方秦國等皆是。

三：是荊蠻系，如楚國、吳國等屬之。

四：是百越（同粵）系，越國及南粵、閩粵等屬之。

五：是三苗系，三苗本神農之後，其一部分姜姓諸族併入諸夏系統，其一部分稱戎稱羌，則猶之姬姓諸族有稱戎稱狄的，也一樣摒在諸夏之外了。

中國疆土至大，遠在有史以前，此諸族系，早已分布散居在中國各地。無論他們最先的遠祖，是否同出一源，但因山川之隔閡，風土之相異，他們相互間經歷長時期之演變，生活習慣乃至語言風俗一切都相懸絕。若非中國的古人，尤其爲之主幹的華夏諸系，能抱甚爲寬大的民族觀念，不以狹義的血統界線自封自限，則民族融和一時不易完成，而國家凝成亦無法實現；勢必在中國疆土上，永遠有許多民族和許多國家彼此鬥爭互相殘殺，而此後的中國文化史也將全部改觀。因此中國古代人對於民族觀念之融通寬大，實在是值得我們特別注意的。

在西方歷史裏，同一雅利安民族，隨著歷史進展，而相互間日見分歧，結果形成許多語言，文字、風俗、習慣各不相同的小支派。直到現在，若非先認識此各支派的界線，便無從瞭解西洋史。但在中國，則上古時代，雖然有許多關於民族或民族間的分別名稱，常使讀史的人感覺麻煩，但越到後來，越融和越混化而成一體。秦漢以後的中國，其內部便很少有民族界線之存在。這不可不說亦是中西文化演進一絕不同之點。因此在西洋歷史裏，開始便見到許多極顯明極清楚的民族界線。在中國史裏，則只說每一部族都成爲黃帝子孫，這正是中國古代人心中民族觀念之反映。

二

其次：要說到「宗教觀念」。

根據殷墟甲骨文，當時人已有「上帝」觀念，上帝能興雨，能作旱，禾黍成敗皆由於上帝。上帝是此世間一個最高無上的主宰。但甲骨文裏並沒有直接祭享上帝的證據。他們對上帝所有籲請，多仰賴祖先之神靈爲媒介。他們的觀念，似乎信爲他們一族的祖先，乃由上帝而降生，死後依然回到上帝左右。周代人「祖先配天」的觀念，在商代甲文裏早已有了。他們既自把他們的祖先來配上帝，他們自應有下面的理論，即他們自認爲他們一族乃代表著上帝意旨而統治此世。下界的王朝，即爲上帝之代表。一切私人，並不能直接向上帝有所籲請，有所蘄求。上帝尊嚴，不管人世間的私事。因此祭天大禮，只有王室可以奉行。商代是一個宗教性極濃厚的時代，故說：「殷人尚鬼。」但似乎那時他們，已把宗教範圍在政治圈裏了。上帝並不直接與下界小民相接觸，而要經過王室這下界之總代表，才能將下界小民的籲請與蘄求，經過王室祖先的神靈以傳達於上帝之前。這是中國民族的才性，在其將來發展上，政治成績勝過宗教之最先朕兆。

待到周代崛起，依然採用商代人信念而略略變換之。他們認爲上帝並不始終眷顧一部族，使其常爲下界的統治人。若此一部族統治不佳，失卻上帝歡心，上帝將臨時撤消他們的代表資格，而另行挑選別一部族來擔任。這便是周王室所以代替殷王室而爲天子的理論。在尚書與詩經的大雅裏，都有很透澈很明白的發揮。周代的祭天大禮，規定只有天子奉行，諸侯卿大夫以下，均不許私自祭天。這一種制度，亦應該是沿著商代人的理論與觀念而來的。殷、周兩代的政治力量，無疑的已是超於宗教之上了。那時雖亦有一種僧侶掌司祭祀，但只相當於政府的一種官吏而已。至於社會私人，並非說他不信上帝，只在理論上認爲上帝既是尊嚴無上，他決不來預聞每一人的私事，他只注意在全個下界的公共事業上，而應由此下界的一個公共代表來向上帝籲請與蘄求，這便是所謂「天子」了。

配合於這個「祭天」制度（即郊祀制度）的，同時又制定下「祭祖」的制度（即宗廟制度）。一族的始祖，其身分是配天的，常在上帝左右，因此亦與上帝一般，只許天子祭，而不許諸侯卿大夫們祭。如魯國的君主，只許祭周公，不許祭文王。這明明是宗教已爲政治所吸收融和的明證。換辭言之，亦可說中國人的宗教觀念，很早便爲政治觀念所包圍而消化了。相傳此種制度，大體由周公所制定，此即中國此下傳統的所謂「禮治」。禮治只是政治對宗教吸收融和以後所產生的一種治體。

但我們不能由此誤會，以謂中國古代的宗教，只是一種政治性的，爲上層統治階級所利用。當知中國人觀念裏的上帝，實在是人類大羣體所公共的，一面不與小我私人直接相感通，此連最高統治者的帝王也包括在內。只要此最高統治者脫離大羣立場，卻代表民衆的精神，他也只成爲一個小我私人，他也並無直接感通上帝之權能。而另一方面，上帝也決不爲一姓一族所私有。換辭言之，上帝並無意志，即以地上羣體的意志爲意志。上帝並無態度，即以地上羣體的態度爲態度。因此說：「天命靡常，天視自我民視，天聽自我民聽。」夏、商、周三代王統更迭，這便是一個很好的例證。我們若說，中國古代的政治觀念吸收融和了宗教觀念；我們也可說，中國古代的人道觀念，也已同樣的吸收融和了政治觀念。我們可以說，中國宗教是一種渾全的「大羣」教，而非個別的「小我」教。當知個人小我可以有罪惡，大羣全體則無所謂罪惡，因此中國宗教裏並無罪惡觀念，由此發展引伸，便成爲將來儒、道兩家之「性善論」。「性」是指的大羣之「共通性」，不是指的小我之「個別性」。其次小我私人可以出世，大羣全體則並無所謂出世。

充塞於宇宙全體的一個人生境界，是並無出世可言的。

因此中國宗教，很富於現實性。但此所謂現實，並非眼光短淺，興味狹窄，只限於塵俗的現狀生活之謂。中國人的現實，只是「渾全一整體」，他看宇宙與人生都融成一片了。融成一片，則並無內外，並無彼我，因此也並無所謂出世與入世。此即是中國人之所謂「天人合一」。上帝與人類全體大羣之合一。將來的儒家思想，便由此發揮進展，直從人生問題打通到宇宙問題，直從人道觀念打通到宗教觀念。因此我們可以說，中國人的人生觀，根本便是一個渾全的宇宙觀。中國人的人生哲學，根本便是一種宗教。這一個源頭，遠從中國古代人的宗教觀念裏已可看出來了。

三

第三：說到「國家觀念」。

中國古代人，一面並不存著極清楚極顯明的民族界線，一面又信有一個昭赫在上的上帝，他關心於整個下界整個人類之大羣全體，而不爲一部一族所私有。從此兩點上，我們可以推想出他們對於國家觀念之平淡或薄弱。因此他們常有一個「天下觀念」超乎國家觀念之上。他們常願超越國家的疆界，來行道於天下，來求天下太平。周初封建時代，雖同時有一兩百個國家存在，但此一兩百國家，各各向著一個中心，即周天子。正如天空的羣星，圍拱一個北斗，地面的諸川，全部朝宗於大海。國家並非最高最後的。這在很早已成爲中國人觀念之一了。因此在春秋時代，列國卿大夫間，他們莫不熱心於國際的和平運動。諸夏同盟的完成，證明他們多不抱狹義的國家觀念。

一到春秋末年，平民學者興起，這個趨勢更爲昭著。孔子、墨子以及此下的先秦百家，很少抱狹義的國家觀念的。即當時一輩游士，專在國際政治方面活動，他們自結徒黨，造成一個國際外交陣容，分別在某幾個政府裏掌握到政權，而互相聯結。另一批集團，則在另幾國政府裏活動，他們一旦把捉到政權，即把那幾個國家聯結起來。因此他們的政治地位，並不專靠在國內，而多分卻靠在國外。往往某一政府任用一游士，可以立即轉換國際陣容之離合。此等游士，當時謂之縱橫家。從某一方面看，戰國的縱橫家，還是沿著春秋時代的霸業運動而來。他們的性質，一樣是國際性的，是世界性的，並非抱狹義的國家觀念者所能有。

在戰國時代的學者中間，真可看爲抱狹義國家觀念者，似乎只有兩人。一是楚國的屈原，一是韓國的韓非。他們都是貴族，因此與同時一輩平民游士的態度不同。但韓非是否始終保存狹義的國家觀念，其事尚屬疑問。則其時始終堅抱狹義國家觀念的，可以說只有屈原一人了。但從另一方面看，屈原之忠於楚懷王，只是君臣間之一種友誼，或許屈原以爲我如此忠心於懷王，而猶遭讒間，縱使再往他國，也一樣可受冤屈，因此投江而死。這只是文學家的一種極端懇摯的感情作用，也不好說他抱的是狹義的國家觀念。如此說來，戰國時代有名的智識分子，便絶少抱著狹義國家觀念的了。

一輩智識份子的態度如此，平民農工社會更是如此。一國行仁政，別國民衆即相率襁負而往。此在孟子書裏，記載得很明顯。到後來秦國廣招三晉移民，爲他墾地，三晉民衆也便聞風而集。可見戰國時代除卻各國貴族世襲階級，爲自身地位打算，因而或有採取狹義的國家觀念以外，其他民衆，無論是士大夫智識分子，或農工勞動分子，他們全不束縛在狹義的國家觀念裏。他們全都有一超越國家的國際觀念，或可說是「世界」觀念，即「天下」觀念之存在。這便是秦國所以能統一東方各國的一個大原因。否則那些國家，傳統都相當久遠，魯、衛、宋、楚、燕等國，從西周時代算起，至少都在八百年以上，即從春秋時代算起，亦多超過五百年。即如齊、趙、韓、魏諸國，從戰國時代算起，亦各有三百年左右的歷史。秦國人何能很快地把他們吞滅，正因他們的國家並不建築在民衆的觀念上。民衆心目中，並無齊國人、楚國人等明確的觀念。他們想望的是天下或世界的和平與安全。因此秦國用的文臣，如呂不韋、李斯等，武臣如蒙毅、蒙恬等，都是東方客卿，但都肯真心爲秦國用。而東方民衆亦不堅强愛國抵抗秦兵的侵略。秦國的統一，只能算是當時中國人「天下太平」「世界一統」的觀念之實現，而並不是某一國家戰勝而毀滅了另外的某幾個國家。

四

上面約略敘述了中國古代人對於「民族」、「宗教」與「國家」三項觀念。這三項觀念的內部，又是互相關聯，有他們共通融成一整體的意義。這一種觀念與意義，始終成爲中國古代文化之主要泉源，促成了秦漢以下中國之大一統。但這三項觀念，還只是外層的，消極方面的，我們現在需再說到一種內層主動而積極方面的，便是中國人的「人道觀念」。

中國文化是一種現實人生的和平文化，這一種文化的主要泉源，便是中國民族從古相傳一種極深厚的人道觀念。此所謂人道觀念，並不指消極性的憐憫與饒恕，乃指其積極方面的像後來孔子所說的「忠恕」，與孟子所說的「愛敬」。人與人之間，全以誠摯懇愨的忠恕與愛敬相待，這才是真的人道。

中國的人道觀念，卻另有其根本，便是中國人的「家族觀念」。人道應該由家族始，若父子兄弟夫婦間，尚不能忠恕相待，愛敬相與，乃謂對於家族以外更疏遠的人，轉能忠恕愛敬，這是中國人所絕不相信的。「家族」是中國文化一個最主要的柱石，我們幾乎可以說，中國文化，全部都從家族觀念上築起，先有家族觀念乃有人道觀念，先有人道觀念乃有其他的一切。中國人所以不很看重民族界線與國家疆域，又不很看重另外一世界的上帝，可以說全由他們看重人道觀念而來。人道觀念的核心是家族不是個人。因此中國文化裏的家族觀念並不是把中國人的心胸狹窄了、閉塞了，乃是把中國人的心胸開放了、寬大了。

中國的家族觀念，更有一個特徵，是「父子觀」之重要性更超過了「夫婦觀」。夫婦結合，本於雙方之愛情，可合亦可離。父母子女，則是自然生命之緜延。由人生融入了大自然，中國人所謂「天人合一」，正要在父母子女之一線緜延上認識。因此中國人看夫婦締結之家庭，尚非終極目標。家庭締結之終極目標應該是父母子女之永恆聯屬，使人生緜延不絕。短生命融入於長生命，家族傳襲，幾乎是中國人的宗教安慰。中國古史上的王朝，便是由家族傳襲。夏朝王統，傳襲了四百多年，商王統傳襲了五六百年。夏朝王統是父子相傳的，商朝王統是兄弟相及的。父子相傳便是後世之所謂「孝」；兄弟相及便是後世之所謂「弟」。孝是「時間」性的人道之「直通」；弟是「空間」性的人道之「橫通」。孝弟之心便是人道之「核心」，可以從此推擴直通百世，橫通萬物。中國人這種內心精神，早已由夏、商時代萌育胚胎了。

再說到周王統，即便算到春秋末年爲止，亦已傳襲了五百年。而且中國古史裏，一個家族有四五百年以上歷史的，也並不限於王室。最著的像孔子的家世，孔子的祖上本是宋國貴族，自他的五世祖，由宋避難，遷到魯國。雖到孔子時，家世略略衰微了，但其傳統是還可指述清楚的。

自孔子遷魯以前，他的家世，可以直溯到宋國的一位君主愍公，再由那位君主直溯到宋國的始封，這是在史記上都明白記載著的。由宋國的始封便可直溯到商代，因爲宋國第一世微子，便是商代末一世紂王的庶兄。如此我們便可直從孔子追溯到商湯。不僅如此，我們還可從商湯上推，直到與夏代開國約略相等的時間，這是在史記的商本紀裏明白記載，而且有近代出土的甲骨文可做旁證的。如此說來，孔子的家世，豈不很清楚已有一千五百年的緜延嗎？自孔子到現在，孔家傳統不絕，此已爲舉世所知，這無怪乎孔子要提倡孝道，要看重家族觀念。但孔子卻並不抱狹義的民族觀和國家觀，孔子講政治常是尊周，羨慕周公。孔子作春秋，敘述當時歷史，也以魯國爲主。這正可證明我所說，中國人的家族觀念並不把中國人的心胸狹窄了，閉塞了。正因中國人由「家族」觀念過渡到「人道」觀念，因此把狹義的民族觀念與國家觀念轉而超脫解放了。

中國古代除卻孔家而外，尚有很多緜歷很古的家族。如晉國世卿范氏，他們自己說，自虞以上爲陶唐氏，在夏爲御龍氏，在商爲豕韋氏，在周爲唐杜氏，這亦緜延到千五百年以上，與孔家相仿佛，且更過之。其他春秋列國，如齊爲太公之後，魯爲周公之後，都已緜歷有五六百年以上。一個家族，枝葉扶疏，天子諸侯下面，還有公卿大夫，從大家族演出小家族，一樣的各自緜延數百年。不僅如此，那時的百工、技藝、商賈，亦都食於官府，以職爲氏，世代傳襲，那亦便是各各有其數百年以上的家世了。無怪中國人對於歷史觀念，很早便發達得如此清楚，這亦應與家族傳襲有相互關係的。而且家族與家族間，又因長時期互通婚姻之故，而亦親密聯繫如一家，此如姬、姜兩姓之在周代，至少是有此觀感的。

因此我們要考量中國人的家族觀念，不僅要注意他時間緜延的直通方面（孝），還應該注意他空間展擴的橫通方面（弟）。橫通直通便把整個人類織成一片。因此中國人很輕易由「家族觀」而過渡到「世界觀」。

上面說過，中國古代是一個封建社會，而這個封建，照理論上說，應該由夏朝時代早已存在。「封建社會」與「家族制度」，是不可分析的兩件事，宜乎中國古代人的家族觀念要有他根深柢固的淵源了。

但我們切莫誤會，以爲封建制度可以造成家族觀念。當知制度多從觀念產生，卻未必能規定觀念。我們要討論中國古代人的家族觀念，還應向內觀察到中國古代的「家族道德」與「家族情感」。不能單從外面看，單從當時的封建形式，便武斷中國古代人的家族觀念，以謂只在封土受爵等等世襲權益上。

要考察到中國古代人的家族道德與家族情感，最好亦最詳而最可信的史料，莫如一部詩經和一部左傳。詩經保留了當時人的內心情感，左傳則保留了當時人的具體生活。詩經三百首裏，極多關涉到家族情感與家族道德方面的，無論父子、兄弟、夫婦，一切家族哀、樂、變、常之情，莫不忠誠惻怛，溫柔敦厚。惟有此類內心情感與真實道德，始可以維繫中國古代的家族生命，乃至數百年以及一千數百年以上之久。儻我們要懷疑到詩經裏的情感之真僞，則不妨以左傳裏所記載當時一般家族生活之實際狀況做比較，做證驗。詩經和左傳，大體是西周下及東周與春秋時代的，我們由此可以上推夏商時代。他們應該早有像詩經裏的家族情感與家族道德，那種人與人之間的忠誠惻怛，溫柔敦厚。這便是中國民族人道觀念之胚胎，這便是中國現實人生和平文化之真源。儻不懂得這些，將永不會懂得中國文化。

上面一章裏已說過，中國文化是發生在黃河流域的寒冷空氣裏的。讓我們想像中國文化之產生，應該是勞作之餘在屋內之深思下而產生的。這一個家庭集體的勞作與其屋內深思，對於注重家庭情感之一點，亦應有深切的關係罷。

五

以下要約略說到一些中國古代人的生活狀況。

第一要說的是「農耕」與「游牧」生活之消長。在中國古代，農耕與游牧兩種生活方式，共同存在。據古史傳說，神農部族是一個農業部族，黃帝部族則是一個游牧部族。他們的居地，神農部族較在西偏，當時中原的西偏，恰當所謂黃土區，適宜於農事的發展。黃帝部族較在東偏，當時中原的東偏，已是沼澤地帶，如左傳裏的逢澤，在今開封；穆天子傳裏的漸澤，在今宛陵；詩經裏的甫草，與周官職方及爾雅裏的圃田澤，在今中牟，亦即左傳裏的原圃；禹貢裏的滎波，及左傳裏的滎澤，在今滎澤；左傳裏的制田，在今新鄭；戰國策裏的沙海，在今開封，穆天子傳裏的大泊，在今宛陵，都在黃帝部族居地之附近。這些沼澤，直到西周及春秋時代，依然還是著名的狩獵地。在黃帝時代，這一地帶，一定尚在漁獵游牧的生活方式下。史記說黃帝：「遷徙往來無常處，以師兵爲營衛。」可見他是一個武裝移動的游牧部族。大抵中國古代在大地面上，一定是農耕與佃漁游牧各種生活方式同時並在的，但稍後姬、姜兩部族便一樣成爲農耕部族了。或許中國古代的農業文化，有漸漸由西部黃土地區向東部沼澤地區而發展的趨勢。

商部族的開始，亦在東方沼澤地帶，但據殷墟甲文，他們定都安陽的時代，農業顯已成爲主要的生產了。甲文裏有「黍、稷、稻、麥、蠶、桑」諸字，又有用黍釀造的「酒」字，有耕種用的「耒、耜」諸字。雖則那時也有盛大的漁獵與畜牧，這些僅成爲一種副業，或貴族和王室娛樂而已。那時不僅黃河北岸安陽一帶，已進入耕稼社會，即河南商邱，今歸德附近，商代故國所在，也已漸漸進入爲耕稼的社會了。這裏可以看出從黃帝下來直到商代，中國黃河下游，東方沼澤地帶，正在漸漸地轉入農耕事業了。這裏是否與大禹治水的故事有關，現在無法詳知，但現存的詩經商頌裏，明明說到大禹治水，使民得安居耕作，則可見禹的故事，不僅限於西方夏部族，即東方商部族裏，也一致尊奉的了。因此我們不妨設想，中國古代東方平原沼澤地帶的農耕事業，或是隨著夏王朝之勢力東伸而漸漸傳播的。

但我們莫錯想爲古代中國已有了阡陌相連，農田相接，鷄犬之聲相聞的境界。這須直到戰國時代，在齊、魏境內始有的景況。古時的農耕區域，只如海洋中的島嶼、沙漠裏的沃洲，一塊塊隔絕分散在曠大的地面上。又如下棋般，開始是零零落落幾顆子，下在棋盤的各處，互不連接，漸漸愈下愈密，遂造成整片的局勢。中國古代的農耕事業，直到春秋時代，還是東一塊、西一塊，没有下成整片，依然是耕作與游牧兩種社會到處錯雜相間。這一層要求我們轉移目光說到西周的封建形態上。

周代的封建，本是一種集團的武裝移民，一面墾殖，一面屯戍。一隊隊的西方人，周部族及其親附部族，也有貴族，也有平民，由中央鎬京選定了一個軍事據點而兼可耕作自給的地面，派他們遷徙駐紮下來。內部核心築著堅固的城圈，外圍簇聚著許多耕地。更遠的外圍，再築一帶防禦用的或斷或連的土牆，這叫做封疆。封疆之內，是他們的國土；封疆之外，則依然是茫茫一片荒地，儘有草澤、森林、山陵、原陸，卻如孤島外的大海，沃洲外的沙漠，並不爲封疆以內的人們所注意。那些分散各地的封疆區域，相互間也常通聲息，對周天子中央王室，亦常有往來。這裏便需要不斷的道路工程之修整。周王室便憑藉著這幾條通路，和幾十處農業自給的軍事據點，來維繫他當時整個天下之統治。周代的封建制度，不啻是張羅著一個嚴密的軍事要塞網。在此網的內外，亦有許多原來存在的農耕區域，亦逐漸採取同樣的規模，取得周天子之承許，各各劃定封疆，保留其封疆以內之處理自由權。西周以來的封建，便以這種點和線條的姿態而存在。

若論廣大地面上，還有不少停滯在游牧而兼狩獵爲生的社會，他們爲封建武力所驅迫，只能遠遠的退居於較爲高瘠的或較爲低濕的山邱地帶或湖澤地帶，過他們較原始的生活。他們沒有城郭、宮室、宗廟、社稷、衣冠、車馬，一切農耕社會所有的文物制度。他們既沒有這些，他們也不能遵奉周天子所定下的各種禮樂儀文。他們亦時或向周天子，或其踞地附近的大諸侯進貢，甚至互通婚姻。但以不在整個封建製度之內，因此當時人觀念中，不認他們爲諸夏，而只當是四裔。「裔」便是邊外之意。所謂蠻、夷、戎、狄，只是在各個農業封疆之外圍的。我們只要明白得此種情形，始知蠻、夷、戎、狄並不是指一種或幾種異族盤踞在中國之內地。他們有許多一樣是中國人，一樣是諸夏，而且全錯雜夾居在中國諸侯間。只因他們的生活，即他們的文化較原始，較野蠻，並不像當時諸夏般，進步到同一的水準而已。一到周室中央勢力崩潰，諸侯相互間失其聯繫，又各有內亂，則此分錯雜居在各封建中間的蠻、夷、戎、狄，自然也要乘機竊發。春秋時代之四夷交侵，並非全是外國異族向內侵入，有些是中國內部秩序之失卻平衡而引起的紛擾。

我們再進一層來稍稍敘述當時封建諸侯封疆以內的大體情形，這些便是將來秦漢時代新中國的胚胎。通常的城圈，大概不過方五里左右的大小。裏面的貴族，掌握著政治、經濟、武力、文化各項大權，「宗廟」是他們一切的中心。最尊的宗廟，祭奉他們的始遷祖，即始封此土的第一代。根據對此始祖血統上的親疏，而定其政治上地位之高下，及其應得經濟權益之多少。這始遷祖的直屬嫡支長子，世襲爲此城的君主。依次而有的各個分支，則爲卿、大夫、士，有其各分支的家廟。臨祭同一廟宇的同宗，常是出征同一旗幟的同族。同宗是指同一廟宇同一神，「宗」字是一座廟與一個神。同族是指同一隊伍作戰，「族」字是一面旗與一支箭。一切貴族子弟，皆是武裝的戰士。戰車甲冑藏在宗廟，臨時分發。出戰和凱旋，都要到廟裏虔祭。有職掌一切禮器、樂譜、祈禱文件，以及天文、曆法、占卜、醫藥種種世襲的專官，都附屬於宗廟，成爲一個貴族家庭特有的學術集團。其他尚有社稷、宮室、倉廩、府庫諸建築，以及一批爲這城圈裏的貴族所特用的各種工商人，亦皆世襲其事，住在爲他們所指定的區域裏。其次便是平民的陋巷，和指定的市場。

城外的土地，可以分爲「耕地」與「非耕地」兩種。耕地由貴族依血統親疏分割，各自領到分土後，再分割與各自的農民。大體均等劃分，每一農户，以壯丁成年者爲單位，領耕地百畝，繳什一之稅，年老和死亡退還。這是一種「均等授田」制，即所謂「井田」。耕地以外，則爲非耕地，又分山林、池塘、牧場等等，大體由貴族自己派人管轄，不再分給。尋常農民不得擅入伐木、捕魚、獵獸、弋禽，違者以盜賊論。貴族在特定的節令，施行大圍獵或大捕魚等，其直屬農民亦得相隨參加，藉以練習作戰或供娛樂。漁獵所得，貴族以祭享的名義使用外，亦頗賜賚農民，各霑餘潤。那些農民亦各築土功，聚室爲居。有小至十室爲邑的，也有百家以上的。照周初制度，最大的封國，不過方百里。大抵離城郊五六十里以外，便是此封國的邊疆，在此則另有一套防禦建築，只是寬寬的、高高的、堆成土堤岸，上面多栽樹木，作爲疆界，擇交通要口則設關守護。這是一個國和一個文化社會。外面便是游牧社會戎狄出沒遷徙之所。

上述的封建製度，直到春秋時代，依然還在進展。各國封國自己漲破了他原來方百里方七十里的封疆，像蜜蜂分房般，更向四圍近旁展伸。西周時代是天子封建諸侯，春秋時代則變成諸侯封建大夫。春秋時代的大諸侯，他也如西周天子般的王畿幾千里，由他們分封的大夫，則如西周天子的畿內諸侯一樣。如此各諸侯封疆日擴，農耕社會及城郭文化的區域日闢，游牧部落以前散漫雜居在平原草澤地帶的，現在漸漸驅迫漸漸榨緊而退入山岳地帶。直到戰國，大強國只有九個乃至七個，七國加宋與中山爲九。他們還沿襲西周乃至春秋以來封疆的舊觀念，在相互國境上，各自築成幾條長圍牆。而在他們的內部，幾乎到了鷄犬相聞，農田相接的規模。游牧部族逐步退避，才慢慢變成「內中國而外四夷」的局面。將來秦始皇帝統一六國，把北方三國秦、趙、燕的向北圍牆連接起來，便成中國史上之所謂萬里長城。其在中國內部的一切圍牆，則全都撤毀。而一切游牧部落逗留長城以外的，同時也成立了一個匈奴國，與長城內農耕社會城郭文化相對抗。這幾乎又是上古黃帝、神農東西相抵的形勢，只不過現在是換成南北相抗而已。

若論匈奴部族之祖先，史記上說他是夏后氏之苗裔，又說他原是上古史上的山戎、玁狁、葷粥，以及春秋時代的赤狄、白狄之類。並非由其種族血統與中國人不同，實因其生活文化上與中國人差異，因此而判劃兩分，這是未必不可信靠的。我們很難說匈奴族的遠祖，定與中國華夏系的遠祖中間沒有血統上的關係。只因後代人不懂古代的生活和觀念，因而反覺太史公的話離奇了。

六

現在再要說到封建崩潰後之新社會。

封建社會在春秋時代繼續發展，同時也即繼續走上了崩潰的路子。封建社會是各有封疆的，各各關閉在各自的格子裏面。上面說到諸侯們各自漲破了他們的格子，如蜜蜂分房般各自分封，此種形勢雖可說是封建形勢之繼續發展，其實也即是封建形勢之開始崩潰。尤其是幾個本來建立在外圍的諸侯，如南方的楚，在今湖北北部；西方的秦，在今陝西東部；北方的晉，在今山西南部；東方的齊，在今山東東北部，他們處境特別優越，他們的封疆可以無限展擴。更如楚國，專心兼併漢水流域的姬姓封國，大爲春秋時代諸夏所不滿，因此相互擯之爲蠻夷。其他如秦國則西併諸戎，晉則北併諸狄，齊則東併諸夷，楚亦並南方諸蠻，只爲他們侵佔的是游牧部族的疆土，而並非封建諸侯，因此較不爲當時國際道義所指摘。他們擴地日大，未必一一分封子弟宗族，而往往暫時派一大夫去管理。這樣一來，「郡縣」的新國家，便逐漸形成，其姿態與性質，與舊的封建國家絕然不同。到戰國時，七個乃至九個大强國，幾乎全是郡縣的新國家了。所以到秦始皇帝統一，只要不再封建，全國便成一郡縣系統。

諸侯、卿、大夫貴族階級的勢力，各自漲破封建格子，向外發展，這是歷史上記載得很明顯的。而同時平民社會，農耕村落的勢力，亦同樣的漲破封建格子，向外伸展。此層較不顯著，然其影響之大，或者猶在前一事實之上。

農民授田百畝，這是他的格子。井田地區以外的非耕地，包括山林藪澤廣大地面，乃貴族私有的禁地，並不在授受分配之列，一般農民不得享用。但農民社會到底也要漲破他原有的格子。那時的封建律令，禁不住農民們私自走進貴族的禁地，即「非耕地」去，燒炭伐木，捕魚獵獸，尋找他們的新生活。這一種趨勢，在春秋中葉已逐漸見端，尤其在土狹人稠，田畝不敷分配的國家如鄭如晉，最先出現。那種憑藉貴族禁地作新生活的農民，在貴族眼光中看來，是犯法的盜賊。所以那時的盜賊，是不在城市而在藪澤的。封疆外戎狄的劫掠，逐步少了；封疆內盜賊的攘竊，卻逐步的多了。直到貴族階級感到禁無可禁，只好讓一步開放禁地，無論樹木鳥獸，都允許農民捕捉斬伐，只在攜出變賣經過禁戒線的時候，貴族向他們抽收相當於地租般的一筆額定的款項。這一種游離耕地的新生活，遂漸漸成爲新世界中自由的新工人與新商人。而此種抽收，本來是帶有懲罰意思的，如孟子書裏的所謂「征商」的「征」字，便是這個來源了。直到漢代，一般見解仍以農業爲法定的本業，而看非農業的工商雜業爲一種不法事業，稱爲「姦利」，其淵源正自封建社會而來。戰國時代的「廢井田開阡陌封疆」，也是漲破封建格子之一例，此下再有詳說。

農民漲破井田格子，而侵入貴族禁地，找尋新生活，便漸漸有工商職業之產生。同時相隨於國家規模擴大，而戰爭規模同時擴大，車戰漸變爲步兵戰，軍隊以貴族爲主體的漸變成以平民爲主體。大量農民開始服兵役，有因軍功而成爲新貴族的。如此農民漸漸轉化成工人、商人與軍人，農民經濟繁榮，學術亦流到平民社會，遂成秦漢以下士、農、工、商、兵的新社會。大抵在東方採較自由的態度，工商事業活潑，因而游士激增，社會知識與文化一般水準易於提高，此以齊國爲代表。西方則比較接近統制的態度，厲行兵農配合，壓抑工商自由，因而社會私家經濟不活潑，知識文化一般水準較低，游士亦少，此以秦國爲代表。秦國游士皆由東方去。最後西方武力戰勝東方，但東方文化亦戰勝西方。漢代仍有「東方出相西方出將」的情形，那已完全是平民社會的世界了。

第四章 古代學術與古代文字

中國在先秦時代，早已完成了「國家凝成」與「民族融和」兩大事業，這在上章已述過，同時中國民族的「學術路徑」與「思想態度」，也大體在先秦時代奠定，尤要的自然要算孔子與儒家了。但我們與其說孔子與儒家思想規定了此下的中國文化，卻更不如說：中國古代文化的傳統裏，自然要產生孔子與儒家思想。我們在這裏，將先約略說一些孔子以前的古典籍。

一

在孔子以前的古代典籍，流傳至今者並不多。舉其最要者，只尚書，詩經，和易經三種。尚書裏保留著不到二十篇商、周兩代重要的政治文件。尚書分今、古文兩種本子，古文尚書出後人編纂與僞造。即今文尚書亦不盡可信，如堯典、禹貢等，大概盡是戰國時代人之作品。最早，應該算盤庚三篇，大概在西元前一三〇〇年左右。但究竟是否真係商代文件，現在尚無可斷定。其較更確實可信和明白可讀的。則都屬於西周時代。這都是考證中國古代上層統治階級宗教觀念和政治觀念的上好史料。大體上他們常抱著一種「敬畏」與「嚴肅」的心情。他們敬畏祖先，敬畏民衆的公共意志。他們常不敢放肆，不敢荒淫惰逸，相互間常以嚴肅的意態警誡著。無論同輩的君臣，或先後輩的父子，他們雖很古就統治著很大的土地和很多的民衆，但大體上，永遠是小心翼翼。這是中國政治上的最古風範。影響後世十分深切。

詩經的年代較後於尚書。韻文較散文晚出，民間性的文學作品較後於上層統治階級政治性和歷史性的文件，這也可代表說明中國文化之一個特徵。詩經是中國文學最先的老祖宗，中間有不少當時的民間歌詞，被採收而保存了。這全是些極優美極生動的作品，後代的中國文學，都從此衍生。全部詩經共約三百首。其作品年代，則自西周初年下迄春秋魯宣公時，約當西元前一千一百年至西元前六百年，包括著五百年的長時期。在這三百首詩中間，雖有許多宗廟裏祭享上帝鬼神和祖先的歌曲，但大體上依然是嚴肅與敬畏心情之流露，亦有一種「神人合一」的莊嚴精神與宗教情緒，但卻没有一般神話的玄想與誇大。中間亦有許多記載帝王開國英雄征伐的故事，但多是些嚴格經得起後代考訂的歷史描寫，亦附隋有極活潑與極真摯的同情的想像，但絕無像西方所謂史詩般的鋪張與荒唐。中間亦儘有許多關涉男女兩性戀愛方面的，亦只見其自守於人生規律以內之哀怨與想慕，雖極執著極誠篤，卻不見有一種狂熱情緒之奔放。中間亦有種種社會下層以及各方面人生失意之呼籲，雖或極悲痛極憤極，但始終是忠厚惻怛，不致陷於粗厲與冷酷。所以說：「國風好色而不淫，小雅怨誹而不亂」。又說：「哀而不傷，樂而不淫」。又說：「溫柔敦厚詩教也」。這些全能指陳出在古詩中間透露出來的中國古代人心中的一種境界，一種極真摯誠篤而不偏陷的境界。孔子曾說：「詩三百，一言以蔽之，曰思無邪。」亦是指著這種境界，這種人類情思之自然中正合乎規律而不致放肆邪僻的境界而說的。

我們可以說，詩經是中國一部倫理的歌詠集。中國古代人對於人生倫理的觀念，自然而然地由他們最懇摯最和平的一種內部心情上歌詠出來了。我們要懂中國古代人對於世界、國家、社會、家庭種種方面的態度與觀點，最好的資料，無過於此詩經三百首。在這裏我們見到文學與倫理之凝合一致，不僅爲將來中國全部文學史的淵泉，即將來完成中國倫理教訓最大系統的儒家思想，亦大體由此演生。孔子日常最愛誦詩。他常教他的門徒學詩，他常把「詩」「禮」並重，又常並重「禮」「樂」。禮樂一致、即是內心與外行、情感與規律、文學和倫理的一致。孔子學說，只是這一種傳統國民性之更高學理的表達。

我們再從另一方面看，詩經三百首，大體上全是些輕靈的抒情詩，不需憑藉像史詩、戲曲、小說等等具體的描寫與刻畫，只用單微直湊的辦法，徑直把握到人類內心的深處。這一點又是表出了中國傳統文學與藝術之特性。中國史上文學與藝術界之最高表現，永遠是這一種單微輕靈，直透心髓的。我們可以說，中國民族是一個崇尚實際的民族，因此其政治性與歷史性的散文早已發展成熟了，而後始有抒情文學出現。但這一種文學，依然不脫崇尚實際的精神，他們所歌詠的，大部多以人生倫理爲背景，只其形式則極爲空靈輕巧，直湊單微。換言之，他是以超脱的外表來表達纏著的內容的。我們要瞭解中國人此下發展的文學與藝術之內部精神，及其標準風格，我們亦應該從詩經裏去探求。

第三部孔子以前的經典，爲後代尊重的，是易經，易經裏的十傳，經後人考訂，實出於孔子之後。但上下二篇的周易本文，則不失爲孔子以前的一部古書。這本來是當時占卜人事吉凶用的書，但中國後代的人生哲學，卻由此有所淵源。這部易經有些方面也很像詩經。占卜人事吉凶，亦屬人生實際方面的事，但易經的卦象，卻用幾個極簡單極空靈的符號，來代表著天地間自然界乃至人事界種種的複雜情形，而且就在這幾個極簡單極空靈的符號上面，中國的古人想要即此把握到宇宙人生之內秘的中心，而用來指示人類種種方面避凶趨吉的條理。這可説和詩經是一樣的又著實而又空靈的，指示出中國人藝術天才的特徵。因此易經雖是中國一部哲學書，但同時亦可説是中國的一件文學或藝術作品。中國哲學與中國文學藝術是一般的極重實際，但又同想擺脱外面種種手續與堆砌，想超脱一切束縛，用空靈淵微的方法直入深處。這全都是中國國民性與中國文化之一種特徵。

現在把易經裏的原始理論約略敍述如次。

人事儘可能的繁複，但分析到最後，不外兩大系統。一屬男性的，一屬女性的。人事全由人起，人有男女兩性之別，無論在心理上、生理上均極明顯，不能否認。易經的卦象，即由此觀念作基礎。

「⚊」代表男性，「⚋」代表女性。這是卦象最基本的一個分別。但「⚊」與「⚋」的對比，太簡單了，不能變化，乃把「⚊」三疊而成「☰」、「⚋」三疊而爲「☷」，代表一種純男性與純女性。「☳、☵、☶」三形代表偏男性，「☴、☲、☱」三形代表偏女性。如此則成了八個卦象。

若以比擬家庭，則「☰」爲父，「☷」爲母。「☳」爲長男，「☵」爲中男，「☶」爲少男。「☴」爲長女，「☲」爲中女，「☱」爲少女。

若以比擬自然界，則「☰」爲天，「☷」爲地。「☳」爲雷、「☵」爲水，「☶」爲山。「☴」爲風，「☲」爲火，「☱」爲澤。

若以比擬動物，則「☰」爲馬，「☷」爲牛，「☳」爲龍，「☵」爲豕，「☶」爲狗，「☴」爲鷄，「☲」爲雉，「☱」爲羊。

如此比附推演，天地間一切事事物物，有形無形，都可把八卦來象徵。由此再進一步，把八卦重疊成六十四卦，則其錯綜變化，可以象徵的事物，益爲無窮。如「䷱」象木在火下，這在事便可代表著烹飪，在物便可代表著鼎鬲。如「䷞」象少男追隨少女之後，便可代表戀愛與婚事。易經便把如此簡單的六十四個符號，變化無盡地來包括了天地間極複雜的事事物物，因此我們要說他是代表著中國藝術性之一面。但是又如何用來判斷吉凶的呢？這其間亦有幾條基本原理。

易經六十四卦，都由兩卦疊成，在時間上象徵前後兩個階段，在空間上象徵高下兩個地位，「時」和「位」，是易經裏極重要的兩個基本概念，幾乎如分別男性女性一樣重要。這是說，在某一時候的某一地位，宜乎採取男性的姿態，以剛强或動進出之的；而在某一時候的某一地位，則又宜乎採取女性的姿態，以陰柔或靜退出之了。

又易經的每一卦，都由三劃形成，這無論在時間或地位上，都表著上、中、下或前、中、後三個境界。大體上在最先的階段或最下的地位，其時則機緣未熟，事勢未成，一切應該採取謹慎或漸進的態度。在最後的階段或最高的地位，其時則機運已過，事勢將變，一切應該採取警戒或退守的步驟。只在正中的一個地位和時間，最宜於我們之積極與進取的活動。若把重卦六爻合并看來，第二第五兩爻，居一卦之中堅，最佔主要地位。第三第四爻，可上可下，其變動性往往很大。最下一爻和最上一爻，則永遠指示著我們謹慎漸進或警戒保守。如此再配上全卦六爻所象徵的具體事物，及其全個形勢，則其每一地位應取的剛柔態度和可能的吉凶感召，便不難辨認了。

我們總括上面所說，易經裏實包有下列三個最重要的基本觀念：

一、是人類自身內部所有男女剛柔的「天性」。
二、是人類在外面所遭逢的「環境」，其關於時間之或先或後，與地位之或高或下，及其四圍人物及與事變所形成之一種形勢，佔卦所得之某一爻，即表示其時與地之性質。其餘五爻，即指出其外圍之人物與事態者，此即所謂「命」。
三、是自己考量自己的剛柔性，與外部的環境命勢，而選擇決定其動靜進退之「態度」，以希望避凶趨吉的，此即所謂「道」。

因此易經雖是一種卜筮之書，主意在教人避凶趨吉，跡近迷信，但其實際根據，則絕不在鬼神的意志上，而只在於從人生複雜的環境和其深微的內性上面找出一恰當無迕的道路或條理來。最先此種占卜應該是宗教性的，而終於把他全部倫理化了。而且此種倫理性的指點與教訓，不僅止於私人生活方面，還包括種種政治、社會、人類大羣的重大事件，全用一種倫理性的教訓來指導，這又是中國文化之一個主要特徵。

孔子生前是否精研過易經，現在無法知道，但易經成書，應該遠在春秋之前，而易經裏的幾條基本原則，是頗合於將來儒家思想之路徑的。又因爲易經裏簡單幾個「象」與「數」的符號，可以很活潑的運用，而達於極爲深妙的境界。因此後來的儒家，並有道家，都喜歡憑藉易經來發揮他們的哲理，於是易經這部書，到底和詩、書一樣，也成爲中國古經典之一了。

二

以上說的，是孔子以前的典籍而流傳至今的。尚有不少我們知道有此種書，並很重要，而早已失傳的，約略言之，可分兩大類。

一是「禮書」。「禮」本是指宗教上一種祭神的儀文，但我們在上文述說過，中國古代的宗教，很早便爲政治意義所融化，成爲政治性的宗教了。因此宗教上的禮，亦漸變而爲政治上的禮。但我們在上文也已述說過，中國古代的政治，也很早便爲倫理意義所融化，成爲倫理性的政治，因此政治上的禮，又漸變而爲倫理上的，即普及於一般社會與人生而附帶有道德性的禮了。我們現在爲「禮」字下一簡括的定義，則禮即是「當時貴族階級的一種生活習慣或生活方式」。這一種習慣與方式裏，包括有「宗教的」、「政治的」、「倫理的」三部門的意義，其愈後起的部門，則愈佔重要。這正恰好指示出中國古代文化進展之三階級。

在春秋時代，便有許多記載著當時乃及以前各種禮的書籍存在著。孔子最熱心古代研究，最熱心人生研究，無怪其特別注重於當時的禮書。我們可以想像，當時各種禮，一定很繁重，先後之間所行的禮有不同，各國之間所行之禮亦有不同。禮常在分化與變異中。他們又未必全有記載，記載的亦未必全能部勒成書。當時各國的貴族階級，其自身便不能認真知道這許多隨時隨地分化與變異的禮，更說不出那禮的後面由宗教而政治、由政治而倫理的隨著文化大流而演進的意義。他們不僅對舊禮多所遺忘與錯失，他們並引起了許多虛僞和奢侈的、相因於封建社會之逐漸崩潰而起的一切不合禮意的新禮來。

孔子對當時的禮，獨有許多精邃細密的研究：

一、孔子一面發明出禮的內心，即禮所內含之真意，此即中國古代的禮所隨著民族文化大流而前進的意義。

二、是孔子把握了此種他所認爲的禮之內心和真意，來批評和反對當時貴族階級一切後起的「非禮」之禮。

三、孔子根據禮意，把古代貴族禮直推演到平民社會上來，完成了中國古代文化趨向人生倫理化之最後一步驟。

這是孔子平日討論禮的大貢獻。至於後世所奉爲「禮經」的儀禮十七篇，經後人考訂，其書應產於孔子之後。周官禮更晚出，應在戰國末年。大、小戴禮記中討論禮意的文章，大體都出於儒家的傳統見解，但興起亦甚晚。

禮的重要，並不在其文字記載，而在其實際「踐行」。中國古代人之禮的生活，現在尚可在春秋左氏傳裏，記載列國賢君、卿大夫的生活行事，以及論語裏，記載孔門的日常生活中窺見其一斑。尤使後人嚮往的，如春秋時代列國卿大夫把賦詩來代替外交討論之聰明與風雅，以及在兩軍對陣中相互間之餽贈與慰問的懇摯與大方。以及孔子的對於音樂與自然之愛好，及其對於日常嚴肅生活一種極細膩極恰適之調和，實可想像起中國古代人生一種文學的與藝術的瞭解，與其實現在人生境界中之崇高幽微的風格。因此我們若說中國古代文化進展，是政治化了宗教，倫理化了政治，則又可說他藝術化或文學化了倫理，又人生化了藝術或文學。這許多全要在古人講的禮上面去尋求。

禮書以外，在孔子以前再有一類很重要的書籍，在當時稱爲「春秋」的，我們現在不妨稱之謂「史書」。中國人是最看重現實人生的，因此他們極看重歷史。最先的詩、書，早已是一種極好的史料，而還不能說是嚴格的歷史。從西周中葉，周宣王以下，直到春秋時代，孔子以前，中國各地史書便極度發展，當時有叫「百國春秋」與「百國寶書」的，可見當時的史書和禮書般一樣普遍地存在於列國之間了。孔子曾根據魯國春秋來寫定另一部春秋，這在後代也成爲中國經典之一的，這是唯一由孔子自著的經典。孔子春秋在中國文化史上，其貢獻約有三要點。

第一：是孔子打破了當時國別爲史的舊習慣，他雖根據魯國國史，但他並不抱狹義的國家觀念，在他的新史裏，卻以當時有關整個世界的霸業，即齊桓公、晉文公所主的諸夏城郭國家和平聯盟的事業爲中心。

第二：是他的新史裏有一種褒貶，這種褒貶，即是他的歷史哲學，即是他底人生批評。他對於整個人類文化演進有一種廣大而開通的見解，如楚國、吳國等，其先雖因其不能接近諸夏文化體系之故而排之爲夷狄外族，到後來亦隨其文化之演進而升進之爲諸夏，與中原諸國平等看待。

第三：史書本來爲當時宗廟裏特設的史官之專業，現在由孔子轉手傳播到社會，成爲平民學者的一門自由學問。

以上三點，孔子亦只在依隨當時中國文化演進之大潮流、大趨勢而加速一步促其實現，與加進一層予以更深更新之意義。接著孔子春秋而完成的，有春秋左氏傳，他在哲學意義上並不能對孔子有所超越，但在收集與比排材料方面，則更完密了，此爲中國古代第一部最翔實最生動的歷史。包括將近三百年內幾十個大國錯綜複雜的一部大史書。我們可以直接瞭解那時代的文化真相的，全靠著這部書。

以上述說書、詩、易、禮、春秋五種，後世合稱五經。「禮經」以儀禮爲之，又加入樂，則稱六經。「樂」似乎只是唱詩的譜調。孔子對此極有研究，可惜後代失傳，現在則很難詳說了。我們只根據這幾種經典，便可知道中國古代文化是如何的注重於政治、歷史、倫理、人生方面的大概。我們也只根據這幾種經典，便可瞭解孔子學說之來歷。

三

在孔子以前的春秋時代，還出生了不少的賢人，他們的思想和信仰，行爲與政績，都載在春秋左氏傳裏，只要我們稍一繙讀，他們的精神笑貌，還都如在目前。但無論如何，他們總是古代貴族階級裏的人物，直要到孔子出來，始爲中國史上「平民學術」之開始。現在我們姑行略去春秋時代，一述春秋以下之平民學者。

平民學者中最著的有儒、墨兩派。儒家創始於孔子。「儒」爲術士之稱，他們通習禮、樂、射、御、書、數，古稱「六藝」。禮、樂上文已說過，射、御則只是禮之一節，書、數更屬較爲初級的技能。大柢當時的貴族階級，照例都須通習此六藝；平民要想到貴族家庭去服務，至少亦必習得此六藝中之一二。這便是當時之所謂「士」。士的出身，其先多由貴族的庶孽子弟，及較低級的貴族子弟充任，其後始漸漸落到平民社會裏去。孔子便是正式將古代的貴族學傳播到平民社會的第一人。他自己是一個古代破落貴族的子弟，因此他能習得當時存在的貴族的一切「禮」和「藝」。孔子又能把他們重新組織，加以一個新的理論根據。古代典籍流到孔子手裏，都發揮出一番新精神來。因爲孔子自身也是一個儒士，所以後世稱他底學派爲「儒家」。

儒家之後爲墨家，墨家創始於墨子，其學說較之孔子時代更見平民精神了。以下學派，便逃不掉此「儒」、「墨」兩派的範圍。

「墨」字的本義，是一種刺面塗色以爲奴隸標幟的刑名。古代的奴隸，或由罪犯俘虜，大率集居城市，或分配到貴族私家，或特別訓練成一專門的技工。其知識程度與其身分，較之一輩儒士，或有不如，但以較普通農民社會，有的反而超出遠甚。據本書作者的意見，墨家「墨」字，便是取義於古之墨刑。大抵墨家發動在古代一個工人集團裏，或者墨翟自身便是一個受過墨刑的工人亦未可知。他較原始的弟子與徒從，恐怕也以工人爲多，所以這一學派便稱爲「墨家」了。

儒家學派所得於古代傳統的，是許多古代的典籍，以及當時貴族階級流行的一切禮文儀節。墨家學派的始創祖墨子，據說亦在儒家門下受業過。因此對於那些古代典籍及一切貴族禮亦多知道。但他們另有一傳統，則爲當時的工業技能與科學知識。

中國的工業，發達很早。殷商時代的青銅器，鐘鼎之類，保存到現在的尚不少。那已是三千年前的古物了。我們只看那些銅器製造之精美，便可推想中國古代工業發展，在此以前，應該早有一個很長的時期了。中國工業亦與中國文化精神全體相配合，大抵是甚爲精美而不流於奢侈，多切實用而又寓有人生倫理上的教訓意味的。古代的彝器，多作宗廟祭祠之用，又多加上銘文，大半是既可作歷史紀念而同時又寓有人生大義的格言和訓詞。這正可代表中國工業發展的方向與其意義之一斑。

鐵器究竟始於何時，現尚不能定論，但春秋中葉以下，鐵器使用已甚廣泛。戰爭用的劍與耕稼用的鋤，全都用鐵製。

冶金術以外，在中國工業上發展極早的，要算陶器。中國古陶器的體製裝飾，多與銅器相仿。大抵陶業先盛，青銅器繼之，故一切仍仿陶器形製。陶器上亦多刻文。

在中國工業上發明甚早的尚有蠶桑與絲織。這至少亦是三千四五百年以前所發明的技術了。這種技術自然與人生日用有極大關係。據古史傳說，在很早的古代，中國人衣服上已有刺繡，分繪日、月、星、山、龍等物象，藉以爲政治上貴賤等級之分辨。此亦中國工藝美術，一切都自然歸附到人生實用並寓有倫理教訓方面的意味之一證。

除卻陶器與絲織，中國古代工業極重要的是車的製造，這是仍然有關人生日用並更切要於戰爭方面的，同時亦用來表示政治上的貴賤等級。古人常以「車服」並稱，可見當時車的重要。

上述銅器、陶器、絲織（衣）與木器（車）的四項，爲中國古代工藝亦即美術上最重要的四項。中國人的美術，常附加在工業上，而中國的工業，常注重在有關一般人生日用的器物上。這是中國工藝美術與中國整套文化精神相配合之點。

其他像廟宇、宮殿的建築，據古書所載，似頗簡樸，並不能與當時的銅器及車服等等的精美程度相配合。中國人的觀念，對此等大建築，無關一般人生日用的，似乎認爲奢侈，常加反對。

在中國古史上的大工程，只有有關農事的水利工程，有關交通的道路工程，及有關防禦的要塞工程如長城之類。其他則全是些小工藝，既沒有像古埃及人之金字塔等全屬宗教意味的偉大建築，亦沒有像古希臘人石像雕刻等屬於純美術性的創製。在中國是工業與美術合流了，僅在有關一般人生日用品方面，而流露了中國人之心智與技巧，使日常人生漸於精美化，這是中國工藝美術之一種特性。

墨家學派在此工人集團的統治信仰中產生，因此他們的理論，顯然偏向實用，偏向於一種極富倫理性的實用方面去。但墨家理論，不免過分注重人生實用了，因此不僅極端反對奢侈，而且也忽略了一般的審美觀念之重要。但在工人集團的意見裏，他們反對審美觀念亦不足爲奇。因爲當時的審美觀念，大體上是借用來分別人類的貴賤等級的。墨家反對人類社會之階級分別，自然要牽連反對到一切文飾即審美方面了。

墨家學派，因爲起於當時的工人集團，因此不僅他們熟練於種種的工藝製造，並亦通曉許多在當時有關製造方面的科學知識。尤其著名的，如墨子創製防禦魯國巧匠公輸般所造攻城利器雲梯的故事。如關於數學、幾何學、力學、重學、光學種種方面的知識，現在有很多部分還保留在墨子書中幾篇經和經說裏。

墨家學派，不僅有許多科學智識，並亦有他們一種獨創的邏輯與辨證法。這一種邏輯精神與辯證法，在墨子的言論裏，到處流露出他的一種特有的風格，將來這一學派的流傳，便成爲「名家」。

但是墨家學派更重要的，在其實踐精神，在其對於改造社會運動之帶有宗教性的狂熱。因此其工藝製造方面及邏輯辯證方面，到底成爲旁枝，不占重要的地位。

四

現在再把儒、墨兩家思想加以簡要的對比。

上面說過，中國古代，是將「宗教政治化」，又要將「政治倫理化」的。換言之，即是要將「王權代替神權」，又要以「師權來規範君權」的。平民學者的趨勢，只是順此古代文化大潮流而演進，尤其以儒家思想爲主。他們因此最看重學校與教育，要將他來放置在政治與宗教的上面。他們已不再講君主與上帝的合一，而只講「師道」與「君道」之合一，即「道」與「治」之合一了。君師合一則爲道行而在上，即是治世。君師分離則爲道隱而在下，即爲亂世。儒家所講的道，不是神道，亦不是君道，而是「人道」。他們不講宗教出世，因此不重神道；亦不講國家無上與君權至尊，因此也不重君道。他們只講一種天下太平世界大同的人生「大羣之道」，這便是「人道」，亦可說是「平民道」。

論語裏的「仁」字，這是儒家理想中人道的代表。仁是一種人心的境界與功能，人與動物同有心，但動物的心只限於個體求生存的活動上，只有人類心，其功能和境界，超出一般動物之上，在同類中間可以互相感通，互相會合，不僅爲個體求生存，並有成爲大羣文化的意義。這種心能和境界，在人類文化史裏，也正在不斷的演進和完成，其範圍極廣泛，但又極幽微，驟難確指。

儒家常喜用「孝弟」兩字來做這一種心的境界和功能之示例。孝弟便是人類超個體而相互感通的一種心境。「孝」是時間之直通，「弟」是空間之橫通。故人心有孝，則人生境界可以悠久無盡；人心有弟，則人生境界可以廣大無窮。孔子論語，除卻孝弟外，又常說到「忠恕」。「盡己之謂忠，推己之謂恕」，忠恕也是指點人心而言。譬如人子盡他的心來孝順父母，此便是其「忠」；要孝順父母，必須先意逆志，瞭解父母的心理，此便是其「恕」。故孝、弟、忠、恕仍只一心，惟孝弟專對家屬言，忠恕則泛及朋類。這種孝、弟、忠、恕之心，便是孔子最看重的所謂「仁」，也便是「人與人相處之道」。

隨後孟子又補出「愛」「敬」二字。論語裏雖亦說到愛與敬，但把此兩字特別提出，合在一起，認爲人類心知裏面的「良知良能」，則是孟子。孝、弟、忠、恕全只是愛敬。人人莫不想望獲得人家的愛與敬，我即先以此愛與敬施之人，即此便是孝、弟、忠、恕，亦即此便是「仁」，即此便是「道」。

孔子講的道，有時像是依然要保留當時封建社會階級性的「禮」的精神，但孔子在禮的後面已安放了一個新的靈魂，即是他常說的人心之「仁」。孔子認爲「禮由仁生」。禮雖似「階級」的，而仁則是「平等」的；禮雖似「宗教」的，而仁則是「人道」的。那時在政治化的宗教裏的最大典禮，要算郊天之禮了，只有天子可以郊天，這是十分表示著階級性的，但孔子不注重尊天而注重孝父母。孔子認爲祭禮最莊嚴處即在發自人類內心的仁，祭天與祭父母，一樣要由人類內心之仁出發。仁既爲人人所共有之心境，則祭禮的莊嚴，亦應爲人人所共有，無分貴賤。天子可以祭天，而人人可以祭其父母，人人能在祭禮中獲得一種心的最高境界，使其內心之仁自然流露。人心能常有此種訓練，與此種認識，則世界自可到達理想的人道。

孔子學說明明要把古代「政治化的宗教」，在他手裏再進一步而變成「人道化的政治」與「人道化的宗教」的。孔子學說也明明是根源中國古代傳統的「家族情感」而發揮盡致的。因此孔子的教訓，並不排斥或遺忘了政治性的重要，惟上帝鬼神的地位，則更見淡薄而已。孔子的教訓裏，依然保留著政治意味的「階級性的禮」，只在人道意味的「平等性的仁」的精神下面來推行，而宗教性與神道性的禮，則全變成「教育性」與「人道性」的禮了。孔子的教訓，只在指點出人心中一種特有的境界和功能而加以訓練。使之活潑流露，好讓人自己認識。然後再根據此種心能來改進現世真實的人生，孔子拈出一個人心中「仁」的境界，便不啻爲中國古代經典畫龍點睛。從此古代經典皆有異樣的活氣了。

墨子意見稍和孔子不同。「宗教而政治化，政治而人倫化，人倫而藝術化」，上面說過，這是中國古代文化演進一大主流，這一主流的後面，有人類內心之自然要求做他的發動力。孔子思想接受此大流而加以闡述發揮，墨子則有時蔑棄此大流而加以反抗。墨子站在人類平等觀念上極端排斥貴族階級，但他所主張的平等，實際上不好算是平等，而是無差別與齊一。他主張「兼愛」，便是一種無差別、無分等的愛。他說要「視人之父若其父」，這就違反了人類內心的自然情感，但他卻說這是上帝的意志。在世人看來，我父和你父不同，在上帝意志看來，一樣沒有差別。所以墨子講「天志」來做他提倡「兼愛」的根據。他的思想，一面違反了人類內心的自然情感，另一面又要落入了宗教的舊陷阱遂又不得不忽略了政治性的重要。

又因爲墨子太注重無差別的平等了，而且他所注重的平等，又太偏於物質生活的經濟方面，因此他又徹底反對「禮樂」，他認爲禮樂是階級性的有差別的一種奢侈，因此墨子學說裏，絕少藝術、文學的趣味。他雖似很接近古代素樸的宗教觀念，但他卻缺乏了一種對人心特設的訓練方法，他沒有想到如何讓人類的內心好與他所信仰的上帝意志相感通。他雖重新採用了古代宗教的理論，但又毀棄了古代宗教的一切儀式和方法。這因爲他太看重人生經濟實利方面，他只在人生經濟實利方面來建築他的無差別的平等主義。他認爲等級與差別全是奢侈。他於是只認現社會最低標準的物質生活爲人類理論上的正格生活。他在這個理論上，裝上上帝意誌來强人必從。

墨子的人格是可敬的，但其理論則嫌疏闊。墨子徹底反對古代貴族制度及其生活，在這一點上墨子的態度似比孔子更前進了。但他不免又回復到古代素樸的上帝鬼神的宗教理論上去，則確乎比孔子後退了。

從另一面説，孔子雖然不講上帝，不近宗教，但孔子卻有一個教堂；家庭和宗廟，便是孔子的教堂。墨子雖主張有上帝，跡近宗教，但墨子缺乏一個教堂，因他不看重家庭與宗廟。墨子到底把捉不到人心，墨子的學説便缺乏深穩的基礎。又違反了中國古代由家族情感過渡到人道觀念的傳統精神。因此在將來，墨家思想便爲儒家思想所掩蓋，不能暢行。

但孔子一派的儒家思想，亦有他的缺點：

第一：是他們太看重人生，容易偏向於人類中心、人類本位，而忽略了四圍的物界與自然。

第二：是他們太看重現實政治，容易使他們偏向社會上層，而忽略了社會下層；常偏向於大羣體制，而忽略了小我自由。

第三：因他們太看重社會大羣的文化生活，因此使他們容易偏陷於外面的虛華與浮文，而忽略了內部的素樸與真實。

每逢儒家思想此等流弊褫著的時候，中國人常有另一派思想對此加以挽救，則爲莊老道家。據本書作者的意見，莊子當與孟子同時，而老子書的作者則較晚，應該在荀子稍前或與荀子同時了。儒、墨爲古代平民學派先起之兩大派，而道家則較爲後出。「儒」「墨」兩字，皆有特別涵義，爲古代社會之兩種生活流品，而「道、法、名、陰陽」諸稱，一見便知爲學派名稱。即此可證其間之先後。

道家思想是承接儒、墨兩派而自爲折衷的。但論其大體，則道家似與墨家更近。他們同時反對古代傳統的禮，認爲不平等而奢侈。又同樣不如儒家般，以「人本主義」爲出發。墨、道兩家的目光與理論，皆能超出人的本位之外，而從更廣大的立場上尋根據。惟墨家根據「天」，即「上帝鬼神」；而道家則根據「物」，即「自然」。莊子書裏有許多極精美的自然哲學的理論。但到老子書裏則似乎又偏向於人生哲學及政治哲學的分數多了。因此莊老哲學之流傳，到底並不能真的走上自然哲學與科學的路，(但後世一切科學思想與科學知識，仍多附雜在道教裏面。)而依然循著中國民族文化之大傳統，仍折回到人生方面來。因此在中國思想系統裏，儒、道兩家遂成爲正、反兩大派。儒家常爲正面向前的，道家則成爲反面而糾正的。此兩派思想常互爲消長，這在以下幾章裏，尚須講到。

以上所述儒、墨、道三家，他們都能站在人類大全體上講話。其餘名、法、農、雜、陰陽、縱橫諸家，則地位較狹，不能像他們般有力了。

五

現在我們再把中國古代學術，作一個簡括的敘述。

大體在孔子以前，那時的書籍，後世稱之爲「經書」，那時的學術，全操在貴族階級手裏，我們可以稱之爲「貴族學時代」。在孔子以後的書籍，後世稱之爲「子書」，那時的學術，則轉移到平民階級手裏，我們可以稱之爲「平民學時代」。平民學者全體反對貴族階級之特權，不承認社會上有貴賤階級之存在，因而也不主張列國分裂。因爲主張狹義的國家主義的，其後面到底不免要以狹義的階級權利爲立場。正因春秋、戰國時代，平民學盛行，因此秦漢以下，始能造成一個平等社會與統一國家。

但我們要知道，縱使在孔子以前貴族學時代的經書裏面，也並未涵有極狹義的階級主義。孔子以前的一輩貴族，早已抱有開明廣大的平等精神與人道主義了。孔子的新精神與新學說，仍不過從古代經書裏再加一層闡發與深入而已。因此孔子同時是平民學的「開創者」，又是貴族學的「承繼人」。

在中國學術上，「貴族學」時代與「平民學」時代，一脈相傳，只見是一種演進，卻不見有所劇變與反革。即在社會上由貴族時代過渡到平民時代，也只見其爲一種演進，沒有雙方鬪爭與抗革的跡象。因此孔子以外的許多平民學者，其極意反對貴族階級的，在中國傳統精神上看來，反而覺得有些過激不近情理，而孔子與儒家思想，遂不期而成爲後代之正宗了。

六

現在再簡略說到中國的文字。

中國文字亦可說是由中國人獨特創造，而又別具風格的一種代表中國性的藝術品。我們只有把看藝術作品的眼光看中國文字，纔能瞭解其趣味。中國文字至少有兩個特徵：

第一：他的最先，雖是一種「象形」的，而很快便走上「象意」與「象事」的範圍裏去，中國文字並不喜具體描繪一個物象，而常抽象地描繪一個意象或事象。這是和上文所說易經八卦要把簡單空靈的幾個符號來包括天地間複雜的萬事萬物一樣的心境。只是易卦太呆板了，只能有六十四種變化，自然不能如中國文字般活潑生動。

第二：則中國文字能利用曲線，描繪一輪廓，較之巴比倫之楔形文字以及埃及的實體象形文，都便利得多。巴比倫的楔形文字，其難於變化，是限於他的楔形上，正如中國八卦之難於變化，是限於他的卦畫上一樣。埃及的象形文字，我們可以說他是一種需要陰體填黑的象形，譬如埃及的「牛」字，便需具體畫一牛形，因而必要有陰體填黑的部分。中國古代的鐘鼎文字，依然還有些是陰面塗黑的象形體製，但逐漸變化，則逐漸擺脫了這個限制。如中國古文裏的牛字「𠂒」，其實已不是物象而是意象了，他只用曲線描一輪廓，不再需要陰面填黑的部分。因此埃及文始終不能超過象形，而中國文很早便脫離了象形境界。中國文字可以說是利用曲線來描繪意象與事象的。

將來的中國畫，依然也還利用線條來描繪意象與事象。到魏晉以後，中國人的書法，成爲中國人最標準的藝術，書法的受人重視，超乎其他一切藝術之上。其實中國書法也只是一種運用線條來表出意象與事象的藝術，就其內在的理論上，不僅與圖畫同一精神，實可說與中國創造文字之匠心亦是同一精神的。我們還可以說，中國的文字和文學，亦走在同一路徑上。他們同樣想用簡單的代表出繁複，用空靈的象徵出具體。

中國文字，因爲能用曲線來描繪物象、事象和意象，因此其文字數量得以寬泛增添，這已在上面講過。但到後來，中國文字又能在象物、象事、象意之外，再加上一個「象聲」的部分。因爲每一聲音各有其代表的每一意義，因此某一字之賦有某聲者，便可假借此聲來兼代某意。如此無形中又增添了許多字，雖則在事實上，文字數量並沒有增添。由此再進一步，把一代表聲的部分來和象物、象事、象意的另一部分相配合，把兩個單體字聯合成一個複體字，成一「形、聲」

組合的新字，這一來文字數量更大量增添了。只就現在安陽殷墟出土的獸骨和龜甲上刻的貞卜文字而論，在約莫十萬片的甲骨上，其字體經近人大略整理，至少亦已超過了四千個。那是商代的情形。

直到周代以後，新文字還是繼續產生。各地的人只要援用此種「象物、象事、象意、象聲」的四項規則，大家一樣可以造字。只要造出的字能自然恰當，各地人也一樣很快接受，很快推行，成爲一公認的新字。因此文字數量逐步增多，而文字使用的區域也逐步推廣了。同時也有許多舊的不自然不恰當的字，也就因文字創造之逐漸進步而逐漸的淘汰不用了。

若論中國文字究竟起始於何時，則現在尚無法考定。就殷墟文字的形製上及數量上說，那時文字演進已甚久，距離初創文字的時代必已甚遠。民國十九年山東濟南附近城子崖的發掘，在那裏也發現了文字，據考古家推定，城子崖應是在西元前二千年以上的遺跡，約當夏朝時代。從此以下，直到戰國末年，在此兩千年間，中國文字正永遠在不斷的改造與演進中。

中國文字本來是一種描繪姿態與形象的，並不代表語言，換言之，中國文字本來只是標意而不標音。但自形聲字發明以後，中國文字裏面聲的部分亦佔著重要地位，而由此遂使「文字」和「語言」常保著若即若離的關係。舉其重要者言之，首要是使中國人得憑藉文字而使全國各地的語言不致分離益遠，而永遠形成一種親密的相似。譬如「虎」，有些地方呼作「於菟」，但因虎字通行，於葸的方言便取消了。「筆」有些地方呼作「不律」，但因筆字通行，不律的方言也取消了。如此則文字控制著語言，因文字統一而使語言也常接近於統一。在中國史上，文字和語言的統一性，大有裨於民族和文化之統一，這已是盡人共曉，而仍應該特別注意的一件事。

中國文字一面可以控制語言，使語言不致過分變動和分離，但另一面也常能追隨語言以適應新的需要與運用。社會上不斷增進了新事物，照中國文字運用慣例，卻不必一樣的添造新文字，只把舊字另行配合，便等於增添新字。譬如電燈、火車之類，在中國文字裏，「電燈」二字便譬如一新字，「火車」二字也譬如一新字。此種配合，可以無窮無盡，而永不需另造新字。又如「火柴」，有些處呼作「洋火」，有些處呼作「自來火」，有些處呼作「取燈兒」，各地的方言，譬如各地各造各的新字，但結果是「火柴」一名通行了，那其餘的都淘汰了。如此則不僅不需另造新字，而且火柴一名，又控製了各地的方言，使他們都稱火柴而不再有別的稱呼。因此中國文字雖在追隨語言，而仍能控制語言。

在殷商時代的中國，早已有四千多字了，直到現在，經過了三千多年的演進，一般社會上仍只要四千多字，或尚不要四千多字，已經夠用。所以在戰國以前，可說是中國人「創造文字」的時代。戰國以下，則是中國人「運用文字」的時代了。中國的古文字，（指戰國以前的文字）幾乎變成中國的新文字（指戰國以後之文字）之字母。中國人有了近乎二三千個字母，彼此配搭，永不感到不夠用。如此則中國人便可永不要添造新字，在三千年以下的人，只要略加訓練，便可認識三千年以上的古文字。而三千年以上的古書，現在中國的普通學者大都仍能通讀。中國文字實在是具備著「簡易」和「穩定」的兩個條件的，這一點不能不說是中國人文化史上一種大成功，一種代表中國特徵的藝術性的成功，即以「簡單的駕馭繁複」，以「空靈的象徵具體」的藝術之成功。

要明白中國文化之所以能擴大在廣大的地面上。維持至悠久的時間，中國文字之特性與其功能，亦是很重要的一個因素。

第五章　文治政府之創建

一

西曆紀元前二二四六年的時候，在東方世界上算已有一個世界政府出現了。以後的一段時期，主要的努力，在乎把此政府如何充實、改進，以達理想的境界。這是從秦始皇到漢武帝的時期。這段時期，是中國國家凝成民族融和開始走上大一統以後一段最光明燦爛的時期。那時的疆土，已和近代中國相差不遠。東方和南方直達海邊，東北包括朝鮮，西南包括安南。只西北秦代疆域並未超過今甘肅蘭州境，當時的長城即以此爲界，要到漢武帝開設河西四郡，疆域始展至今之安西與敦煌。在那時中國的文化勢力，可算已達到他儘可能的邊線了。

秦漢北方的大敵有匈奴，匈奴與中國，在當時又成了「耕稼」與「游牧」兩種文化對峙的局勢。因地理的關係，中國一時無法叫匈奴耕稼化，便一時無法用中國的理想來强匈奴以從同。秦漢政府對付匈奴，便只有兩條路。

一、是「隔絶」。秦始皇的萬里長城便爲此用。希望異文化的匈奴人暫時隔離在長城外，慢慢進行同化與融和的工作，這便成了漢初之「和親政策」。

二、是「招徠」。如漢武帝以下之對待南匈奴，把匈奴人移入內地或邊疆，與中國國民同一待遇，好把中國傳統文化教道灌輸給他們。武力撻伐，則是不得已。

在中國人觀念裏，匈奴不歸化，便是理想的世界政府不完成，這實在是一個大缺陷。中國歷史上傳統對外政策，主要常在和平與融洽，不在武力之擴張。求大同文化世界之實現，不在偏狹的帝國主義之發展。讓我們回頭來，看一看秦漢政府之內面，便可知道。

秦漢政府雖經王朝更易，其實是一氣相承的。西周時代已可說有統一政府，只是「封建制上的統一」。秦始皇帝代表著中國史上第一個「郡縣制」的統一政府之開始。漢高祖代表著中國史第一個「平民為天子」的統一政府之開始。漢武帝代表著中國史上第一個「文治」的統一政府，即「士治」或「賢治」的統一政府之開始。這是當時中國人開始建設世界政府以後之三步大進程。下面慢慢加以說明。

二

古代的貴族階級和封建制度，雖在統一政府下，常不免趨向分割，必待平民社會逐漸覺醒，逐漸抬頭，始有進一步統一之需要。由春秋中葉，直到戰國末期，四百年間，平民社會各方面勢力，繼長增高，進一步的統一要求，愈來愈盛，秦始皇帝的統一，即承應此種要求而產生。但秦王室依然是古代一個貴族階級之遺傳，在此平民勢力日漲，貴族勢力日消的歷史大潮流裏，秦國到底也須崩潰。秦國的統一事業，只是當時歷史進展中應有之一過程。秦王室終於繼續其他列國王室而趨於滅亡，古代貴族階級，到此全部消滅，而後這一個統一政府，開始完全掌握到平民社會的手裏。秦國統一，只是舊局面轉換到新局面之最後一步驟，必待漢高祖以純粹平民爲天子，始是正式的新時代之開始。

這一個古代貴族、平民兩社會的勢力消漲，並非僅是一個純粹經濟的或政治的鬭爭，在其後面尚有更深厚的哲學的或可說是宗教的人生理論與觀念爲指導。因此漢代的統一政府，開始雖爲一種素樸的農民政府，而到後終必轉化成一種「文治」的賢人政府。只要瞭解那時中國文化大流之趨向，便可知是一種勢所必至的自然形態。

三

現在先檢討當時一般學術思想界的情形，再順次說到實際政治問題。

普通一般的見解，頗認爲由秦始皇到漢武帝這一段，乃中國學術史上的空隙時期，似乎古代學術進展到此便落空或間歇了。這是一種錯誤的觀念，並非歷史真相。先秦時代，學術思想極度自由，極度發展，成了百家競鳴道術分裂的狀態。繼此以來的新時代，學術界、思想界與政治社會一樣需要統一。從秦始皇到漢武帝這一段時期，正是當時一輩學者努力從事於「調整」與「統一」的時期。

上面說過，先秦思想，雖說百家競鳴，最偉大的不外儒、墨、道三家。墨家精義多半爲儒、道兩家所吸收，其形成正反對抗形勢的，只賸儒、道兩家。現在要做調和與統一工作的學者，擺在他們面前的只有三條路：

一、是超然於儒、道、墨諸家之上而調和統一之。

二、就道家爲宗主而調和統一儒、墨及其他各家。

三、就儒家爲宗主而調和統一道、墨及其他各家。

最先努力的便走了第一條路，稍後又分走了第二第三條路。若要走第一條路，非其氣魄聰明更超於諸家之上，即不足以超越諸家而另創一新的統一。孔子即曾如此。以下有志於這一工作的，便是秦相呂不韋，廣招賓客，寫成了一部呂氏春秋，亦想調和統一以前的諸家。但他們並沒有更超於諸家之上的更偉大更高明的觀點與理論，因此他們便沒有吸收融和諸家的力量，只在諸家思想裏左右採獲，彼此折衷，做成一種灰色的景象，這不算是成功。

代表第二路線的是漢武帝同時的淮南王書，由淮南王劉安和其賓客所撰成。在大體上說，道家思想是追隨在儒家之後而加以指摘與糾正的，他多半屬於批評性而非建設性，他在思想史上的地位，根本便不是一種最高境界，而且當時歷史大流，正向正面積極方面洶湧直前，因此淮南王書也不好算有成功。

代表第三路線的，應該是最適時宜而又最有成功希望的一條路線了。事實上，他們亦確有極大的功績，只可惜這一工作不爲後代的歷史家們所注意。舉其代表人物，則自李斯到董仲舒，他們全都與當時的實際政治發生極大的關係。舉其代表著作，則應該以易經的十傳，與收在小戴禮記中許多篇重要的文字爲主。如大學、中庸、禮運、王制、樂記、儒行等，全在儒家思想裏有其很大的貢獻，他們都能吸收道、墨各家的重要思想與重要觀點，把來融化在儒家思想裏，成一新系統，留給此後中國思想界許多極重大的影響。只可惜這許多重要著作者的姓名，全不爲我們所知。而後來推尊這許多著作的學者，相率把他們的著作年代提前了，都認爲在孟子、荀子以前，或者是孔子與其及身弟子之作品，遂把儒家思想的發展程序弄糊塗了，而又把秦始皇到漢武帝這一段時期，誤認爲是學術思想史上一段黯澹無光的時期。

代表第三路線的，除卻上述，尚有鄒衍創始的「陰陽」學派，亦在此下中國思想上佔著極重要的地位。他們的思想，自然亦是包容各家而以儒爲宗的，尤其與易經學派走了比較接近的路子。不過易經派的學者是在哲學與人生方面的興味更濃些，而陰陽學家則在政治與歷史方面的興味更濃些而已。關於這一派的思想，以下尚有敘述，此不再詳。

以上指明了從秦始皇到漢武帝一段時期裏學術思想界的大概。我們可以說，在此時期，並非學術中歇，亦非先秦各家思想皆趨衰亡，而獨留儒家，存其傳統。在當時，實在有追隨於時代潮流而興起的一種綜合的新思想，此派思想，並能把握到指導政治的潛勢力。要明瞭此時期的政治演變，我們先需著眼於此派思想之精神。我們並不能僅看秦始皇與漢武帝爲專制暴力之代表者。

在此首先要說到的，秦始皇和李斯的焚書事件。一般見解常以此爲秦始皇採用專制政策摧殘學術之罪狀，並謂學術中歇便由於此。其實此事在當時，純粹是一個政治思想上衝突的表現，而秦始皇和李斯，則比較站在較開明較合當時歷史大流的地位。現實現人類永久和平的寢兵理想，則就政治論，世界不應有兩個國家或兩個政府同時並存。就社會論，人類亦不應分兩個階級，貴賤或貧富，同時並存。秦始皇統一六國後，不再封建，便是這一個遠大理想之實施，而非出於政治上之陰謀與私心。他在當時，實在是追隨於戰國以來，政治上不許有兩個政府，社會上不許有兩個階級的「天下太平」與「世界大同」的時代思潮而努力求其實現的。若僅謀便於一姓一家私政權之統治與鎮壓，則分封子弟、宗室、姻戚、功臣，各帶一部分軍隊到各地去駐屯，模倣西周開國規模，實較穩妥。當時東方一部分守舊泥古的學者，多請秦始皇復行封建，正爲此。只有李斯力勸秦始皇弗從衆議，而同時深感到思想言論上的龐雜情形，有礙於理想政策之推進。恰巧李斯的老師荀卿，素來主張一種智識上的貴族主義，李斯又憧憬於學術政治同出一尊的古代狀態，遂開始請求政府正式出來統制學術。這是荀卿思想之過激與褊狹，亦是當時要求思想統一的一種自然姿態，並不能說是出於秦始皇個人之野心與私慾，亦並非他們存心摧殘學術。後代人用「焚書」兩字做題目，來概括這件政治大爭議，又和「坑儒」事件合併，遂容易使人迷失當時的真相，細讀太史公書，便知此事原委。

四

此下我們將約略把當時政治上的大體演變來證實上面的敘述。

古代政府，由春秋到戰國，全由貴族組織。直到戰國中晚，始有游士參加，這是平民學者參加政治之先聲。但他們在政治上的地位，始終不過是一些客卿。政府基礎，依然仍築在貴族階級身上。秦始皇統一天下，當時人說他「陛下有海內，而子弟爲匹夫」。這始遵照當時學者理論，徹底打破了貴族政府之積習。待到漢初，全由一輩素樸農民爲君爲相的時代，轉反有些跡近反動。一面重新封建諸侯，而中央政府則幾乎成爲一個軍人政府的形態。代表天子治理全國政務的是宰相，這是秦制。但宰相非封侯的貴族不得爲。依照當時慣例，非立軍功不得封侯。因此當時追隨漢高祖爭奪天下的一個軍人集團，在外則裂土封王，在內則封侯拜相。漢初政府實是一種

「封建制度」與「軍人政府」之混合物，較之秦始皇時代，不得不說是一種逆退。但不久封建勢力再次削減，重新恢復到秦代郡縣一統的局面，這正是漢武帝開始即位時的情勢。

繼此又有一個大轉變，便是平民學者公孫宏，純粹因學者資格而獲拜相，因拜相而再封侯，打破漢初舊制，從此以下，軍人政府漸變成「士人政府」，這是一個政治制度上極堪重視的轉變，因此轉變而軍人新貴族在政治上的特權取消，始可說到達了真符理想的「平民政治」的境界。要建立理想的世界政府，便決不是周代般的貴族政府，亦決不是漢初般的軍人政府，一定應該是一種平民政府，由一輩在平民中有知識有修養的賢人，即士人，組織與領導的政府。試問漢武帝當時如何完成這一個工作？我們便須繼此再講到當時對於學官的一番新整理，此即當時之所謂「五經博士」。

本來當時的政府，依然還是由王室親貴和親信軍人所組成，在其間僅有的代表學術意味的官職，只得附屬於宗廟下面，保留著古代學術依宗教之舊型。秦漢時代政府裏的學官，大概言之，可分兩類。一爲「史官」，一爲「博士官」。史官自西周以來便有之，追論原始，則與巫師、藥師、卜官、祝官等同爲古代半僧侶式的宗教官史。這些史官大體上多是世襲的。博士官則戰國中晚以後始有，各國網羅平民學者，厚給奉稍，並不使負實際行政責任，只備顧問諷議，表示著當時處士議政的新風氣。我們可以說史官是傳統的，博士官是新創的。一帶有宗教意味，而一則爲平民性質。

秦代的博士官，因孔子有七十弟子之故，額定七十員，時得參議國家政治，發表意見。動議復興封建制度的也是他們。因此一番爭論，博士官的人選便重新加以整理，但此番整理，經後代觀察，似乎是反而糟了。凡研究實際政治、歷史、教育、文化問題的學者，或許因其意見易與當局者不合，而逐漸罷斥了。一輩專講神仙、長生、文學、辭賦等等比較與現實政治不相干，而有時可以迎合皇帝消遣與迷信的需要者，轉而充斥了。把當時的話來說，是講經學的博士少了，而講百家言旁門雜技的博士則多了。直到漢初此風未改。

戰國以來的學者，雖說全是代表著平民身分，但他們的生活，大部分還需仰賴貴族階級之供養。即如孔子、曾子、子思、孟子一派儒家，亦是其證。漢初學者除卻集合中央，謀一博士官職外，又因封建制復活，多游仕諸侯，依然模仿戰國策士的舊風習，常想興風作浪，掀動內亂。否則講一些神仙長生之術，以及當時盛行的辭賦之類的消遣文學，導獎奢侈，做一個寄生的清客。其注意政治、歷史、教育、文化問題的，則必留心到較古代的典籍，即是當時所謂的經學方面去，在當時反而不易得志。那時在中央政府得志的學者，較恬憺的則為黃老派的隱士，他們主張清淨無為，較切實的則為申韓派的法家，他們但知遵奉現行法律。這兩派對於改進現實，均不勝任。一到漢武帝時代，中央再度統一，社會重臻繁榮，要求學術與政治的密切合作，遂有建立五經博士之學。

所謂「五經博士制」，並非博士制度之創始，只是博士制度之整理與澄清。將自秦以來的百家博士全取消了，而專設五經博士，專門物色研究古代典籍注意政治、歷史、教育、文化問題的學者，讓他們做博士官，好對現政府切實貢獻意見。那輩講求神仙長生、詩辭歌賦，縱橫策士、以及隱士與法律師之類的地位，則降低了，全都從博士官中剔除澄清。此即所謂「排斥百家」，在當時的情形下，不可不說是一種有見識的整頓，也不可不說是一種進步。

更重要的，是規定五經博士教授弟子的新職，這是中國史上有正式的國立大學校之開始。以前封建時代，未嘗沒有政府教育，但大體上這種教育，爲貴族子弟所專有，平民學者則另有一種自由教育，這是私家的，與政府無關。直到此時，才開始規定政府的學官五經博士，有教授弟子之兼職。其主要責任，還是出席政府會議，參預行政顧問等。此輩弟子，由郡縣地方政府選送。十八歲以上的優秀青年，不限資格，均可應選。起初額定只五十員，此後逐漸擴充，到東漢末年，太學生多至三萬人。相距不到三百年，學員增加至六百倍，那種驚人的發展，可以想到這一個制度在當時所發生的影響。

博士弟子最快的只一年便畢業，畢業後國家並爲指定出身。考試列甲等的，多數可充皇帝的侍衛郎官。乙等以下的，以該學生之原籍貫爲主，派充各地方政府的屬吏。這樣一來，漸漸全國地方政府裏的屬吏，全改成國立大學的青年學生了。將來此種屬吏，服務有成績，依舊得選送中央，充任侍衛，如此則皇帝近身的侍衛，也漸漸變成全是些大學青年了。依照當時慣例，中央與地方的各級官吏，多半由皇帝侍衛選充。因有這一制度，從前由皇室宗親與軍人貴族合組的政府，在現在不久以後，便完全變成由國家大學校教育及國家法定考選下的人才來充任。因此我們說，到漢武帝時代而始完成了中國史上「文治政府」之出現。這是中國人傳統觀念裏的「理想政府」之實現，這是中國文化史上一個大成功。我們現在稱他爲文治政府，以別於從前的貴族政府與軍人政府，這不能不說是一個大轉變。而這一個轉變的後面，顯見有一種思想的領導。由秦始皇到漢武帝，大體上多少跟著這歷史大潮流趨赴。此下的政府，便全依此種意義與規模而演進。

五

現在讓我們乘便把秦、漢時代的政府再約略加以申說。

一、皇帝與王室

商代的王位是兄終弟及的，及理論上，一家兄弟全都有做王的資格，這時是「家屬觀念超於王統觀念」之上的。這是說他之所以得承王統，因其屬於這個家族。周代的王位是父子相承的，而且不久便進步到成立一個極精密的長子繼承法，那時則一個家族裏只有一個系統成爲王統，其餘則由王帝分封而各成貴族。這時是「王統觀念超於家屬觀念」了。這是說他之所以得爲貴族，因其接近這個王統。

到秦漢時代，則除卻王帝的一線系統外，王室在政治上絕無法定的特殊地位。此即所謂「陛下有海內而子弟爲匹夫」，秦始皇時代已經是這樣的標準了。漢初仍行封建，似近反動，但漢武帝以下，皇帝子弟名雖封王封侯，實際全不預聞政事，「王」與「侯」僅爲爵位，表示一種社會地位之尊嚴，並非政治上的職權，絕無實際責任與實際勢力。那時則政治上僅存一個「王統」而沒有所謂「王家」，王家與士庶人家在政治制度上是不相懸異的。至少理論上如此。

中國秦漢以下的王統，本意只在象徵著中央政府下「長治久安」與「一線相承」，早已不是古代貴族觀念下面所有的王統了。

二、丞相與政府

皇帝爲政府最高領袖，象徵國家之一統，而非某家某族的一個代表。如此則王統已與古代貴族觀念分離，只成爲政治上之一種需要。

但我們切莫忘了，秦漢以下的中國，在當時譬如是一個世界，全國疆域遼闊，以古代交通之不方便，而且當時已無特殊的貴族階級存在，民衆地位普遍平等，若說要民選皇帝，這是如何一件困難事，我們自可想像而知。皇帝不經選舉，只有世襲，可免紛爭。但世襲未必皆賢，於是政治實權則交之丞相。丞相始為政府之實際領袖與實際負責人，丞相不世襲，可以任賢用能，而丞相更迭，亦無害於王統之一系相傳。皇帝只是虛位，政治上最尊的一位，不搖不動，而丞相則操握政治上的最高權。只求丞相無不賢，則王統自可萬世相傳。秦始皇帝本此意見，自稱始皇帝，希望二世三世永傳無窮，這亦是當時政治上一種新理想，刺戟著秦始皇帝之想像，而禁不住使他發出這樣高興的呼聲。

因此秦漢時代政府裏的實際政務官，皆歸丞相統率，而皇帝屬下則僅有侍奉官，而無政務官。秦漢初年，皇帝私人秘書尚書郎只有四人，可見政事並不直屬皇帝；而丞相下面的曹掾，則所分項目超過十幾門類以上。丞相的秘書處，其規模之大，較之皇帝的私人秘書室，不知要超過多少倍。我們只把當時這兩個秘書機關的內容相互對比，便知在當時理論上乃至事實上，政府大權與實際責任，全在丞相而不在皇帝。「丞相」二字的語義，便是副皇帝。所以遇有天變大災異，習慣上丞相要引咎自殺，而皇帝則不須作什麼負責的表示。

三、兵隊

封建時代，貴族階級自己武裝，擁護他們自己的利益。秦、漢時代雖亦有封王封侯的貴族，但他們的權益，皆由中央政府規定給與，用不著他們自己保護。王室只成一個私家，亦沒有私養的軍隊。那時全國軍隊，皆由國民普遍輸充。二十三歲服兵役，五十六而免。中央政府即由全國各地壯丁按年番上駐防，論其數亦不過三四萬人而已。據史書的統計，漢代疆域，東西九千三百零二里，南北一萬三千三百六十八里，總面積在一萬萬方里以上，全國人口六千萬，而中央常川駐軍只有四萬人，這可說是文治政府一個極顯明的成績與證據。

四、地方政府

秦漢是一個郡縣統一的國家。秦併天下，全國初分三十六郡，到漢代末年，添置到一百零三郡，連封國在內。封國的政事一樣由中央派官吏治理。縣邑一千四百餘。縣中尚有蠻夷的稱「道」，共三十二個，并計在內。這些郡縣，在政治上完全站在同等的地位。他們同等的納賦稅，同等的當兵役。各地除邊郡外，由地方兵自衛秩序。受同一法律的裁判，同樣可以選送優秀人才享受國家教育與服務政治，並按人口分配員額。在東漢時，各地方每二十萬人有選舉一員之權利。秦漢時在理論上乃至事實上，是一個平等組合的，是和平與法治的，而絕非一個武力征服的國家。因此各個郡縣，都是參加國家組織之一單位，而非爲國家征服之一地域。

各地方每年向中央有法定的政務報告，稱爲「上計簿」，簿中詳列每年户口、生產、賦税、兵役、刑獄、盜賊、學校、教育種種的統計。中央政府同時亦分區派監察調查專員，稱爲「部刺史」，共分十三部，按年在全國各地偵查。中央政府根據這些上計簿與部刺史之報告，來決定地方官吏之升降與賞罰。

郡縣屬吏，盡由郡縣長官自己辟置。縣廷大者，其屬吏多至千人。縣令政績優異，可升郡守，郡守一轉便爲三公九卿。漢代的宰相，大多數皆由郡縣吏屬出身。因此兩漢時代的地方政治，成爲中國歷史上極有名極出色的。

六

我們再綜述那時政治上幾個重要點。

一、皇位世襲，象徵天下一統。

二、丞相輔助皇帝，爲政府領袖，擔負實際行政責任，選賢與能。

三、全國官吏皆由公開標準考選，最要條件是受過國家指定教育，與下級行政實際經驗。

四、人仕員額，依各地户口數平均分配。

五、全國民衆，在國家法律下一律平等，納賦稅，服兵役，均由法令規定。

六、國内取消貴族特殊權利，國外同化蠻夷低級文化，期求全世界更平等更和平之結合。

這是當時秦、漢政府的幾個大目標，而且確實是朝向著這些目標而進行。在這裏，有一最困難的問題，便是由第一條皇位世襲而來的問題。當時政府所轄的面積，實在太大了。政治上了軌道，社會和平而安定，更無特權的貴族與軍人跋扈，又無侵邊的蠻夷，一切平流競進，只有一個王室，長時期的傳統，世世相承，安富尊榮。久而久之，王室自然要覺得高高在上，和一般社會隔絕分離。賢能的皇帝則專制弄權，庸懦的皇帝則荒淫害事。王室的不安，勢必牽動到整國政府。要避免那種王室長期世襲的弊病，當時遂有一番新理論出現。那種理論，當時稱爲「五德終始說」，或「三統循環論」。現在我們不妨稱之爲「王位禪讓論」。這種理論，大體根據於戰國以來的陰陽家。

中國是一個農業國，因此天文學上的智識，發達很早。據說在唐、虞時代，已產生了相當精密的曆法。王室頒布曆朔，指揮全國農事進行，這是一件極重要而寓有神秘性的大政令。到春秋時代，東周王室頒朔的制度，漸漸荒廢，轉而使天文學知識更普遍地在列國間發展。春秋後半葉，那時似已採用一種以「冬至日」爲標準的曆法，已有近於七十六年法之痕跡。以一年爲三百六十五日又四分之一，經七十六年而年、月、日一循環。此等曆法之推行，似較西方西元前三三四年楷立普司（Collipos）法還早。那時又似已制定十九年七閏法，亦較西方西元前四三二年梅頓（Meton）之發現爲先。中國史上的天文學知識，大體是早於印度西洋的。

一到戰國時代，因於水、火、金、木、土五星的發現，「五行學說」隨之而起，漸漸由此產生鄒衍的「五德終始說」。這一個學說經過相當時期的演變，遂成爲漢代學者之「王位禪讓論」。大體論天有青（木）、赤（火）、黃（土）、白（金）、黑（水）五帝，分配於春（木）、夏

（火）、秋（金）、冬（水）四季，更迭用事。王者行政，便須相隨於此五行時令而各擇所宜。如此便配合上當時農事經濟的實際需要，而建設了一套政治訓條與政治日曆。他們又認爲歷史上的王朝起滅，亦由此五德循環之故。每一王朝，相應於天上之某帝，如周爲火德，上應赤帝；秦爲水德，上應黑帝之類。這依然是一種「天人相應論」之變相。天上五帝更迭用事，地上王朝亦須追隨更迭。

中國人根據歷史觀念，唐、虞、夏、商、周以來，已有不少的王朝興廢，因此認爲絕對不能有萬世一姓的王統。每一王朝，經相當時期，便應物色賢人，自動讓位，模倣古代的堯舜。否則勢必引起下面革命，如商湯與周武王用武力驅逐。這種意見，到漢武帝以後，在學術界更爲流行，因爲大家信爲漢代之全盛時期已過，準已到自動讓賢的時期了。那時有一位大臣蓋寬饒，一位學者眭弘，皆因公開勸漢帝讓位，得罪被殺，但那種禪讓論依然流行，最後便醞釀成西元八年王莽的受禪。不幸王莽只有十六年便國亂身死，以下又是劉秀爲天子，漢代中興，前漢諸儒的自動讓賢論，因此消沉下去。

及東漢末年，曹魏、司馬晉皆以篡竊陰謀而假借禪讓之美名，南朝宋、齊、梁、陳莫不如此，帝王讓位變成歷史上一件醜事。而且漢儒所提倡的禪讓論，其本身也有缺點。依附於天文星象，跡近迷信。但你若要直捷根據民意，則那時的中國，國民公共選舉制度又無法推行。若待政府大臣會議推選，則那時的中國已經不是貴族政府了，大臣皆出自民間，短時期內，常見更迭，不能形成一個凝定的中心力量。若叫他們來推選國家元首，勢必另起紛擾。於是只有仍讓王統世襲，成爲中國政治上一個懸案，一個一時不獲補償的缺陷。但我們到底不能說中國秦漢以下的政府，是一個帝王專制的政府。這由中國民族的傳統觀念以及學者理論的指導下所產生的政府，雖不能全部符合當時的理想，但已是象徵著中國文化史上一種極大的成績了。

七

上面敘述了秦、漢時代之政府組織，我們再一論及當時的國家體制。大體人類組織國家，不外幾種型類：

第一種：如古代西方希臘之城市國家。

第二種：如古代西方羅馬帝國以及近代英、法帝國等。

第三種：則如近代美、德聯邦及蘇維埃聯邦。

但秦漢時代中國人所創造的新國家，他的體制卻全與上述不同。他不是一個城市國家，或像封建時代的小王國，那是不用再說了。但他又並不是一大帝國，並非由一地域來征服其他地域而在一個國家之內有兩個以上不平等之界線與區劃。第三他又不是聯邦國，並非由秦代之三十六郡漢代之一百零三郡聯合起來組織了一個中央。他只是中央與郡縣之融成一體，成爲一個單一性的國家。他是「中國人之中國」，換言之，則在那時已是「世界人之世界」了。所以漢代人腦筋裏，只有「中國人管中國事」，或說是「中國人統治中國」，而在「中國人」與「中國」之大觀念以下，再沒有各郡各縣小地域各自劃分獨立的觀念。這一種國家，即以現在眼光看來，還是有他非常獨特的價值。我無以名之，只可仍稱之爲「郡縣的國家」。

城市國家是小的單一體，郡縣國家是大的單一體。至於帝國與聯邦國，則是國家擴大了而尚未到達融凝一體時的一種形態。將來的世界若真有世界國出現，恐怕決不是帝國式的，也不是聯邦式的，而該是效法中國郡縣體制的，大的單一的國家體制之確立與完成，這又是中國文化史在那時的一個大進步，大光榮。

第六章　社會主義與經濟政策

一

中國政治思想上的「民本」觀念，淵源甚古。尚書、左傳、論、孟書中，這一類的理論，到處可見。秦漢時代，「文治政府」之創建，與「社會思想」之勃起，二者並行，這是不足爲異的。

西周以下的封建社會，那時可說只分貴賤，不分貧富。農民受田百畝，繳什一之稅，大體上是在一種均產狀況下過活。封建社會漸次崩壞，農民遊離田畝，工商人自由的新生業出現，一般經濟，逐漸走上貧富不均的路，這已在上章約略說過。同時封建地主，亦希望稅收增加，又希望手續簡單。授田制度漸廢，認田不認人，只收田租，不再派分田畝。一面獎勵多耕，開除封疆阡陌，打破封建的舊格子，如此則農戶中間亦漸生兼併，富者田連阡陌，貧者無立錐之地。又兼平民軍隊興起，那時各國定制，殺獲敵方一甲士，可封五户，成一小地主。井田制度破壞，農村均產狀態消滅，這是古代東方封建社會崩潰一原因。

同時因郡縣國家興起，春秋以來支離破碎的幾個小諸侯，各自關閉在他們底封建格子裏的，到戰國時代，單只剩七個乃至九個大國了。那時國內和國外的商業驟盛，大都市興起。各國首都所在，全成爲當時的大商場。尤其著名的，如齊國臨淄今山東臨淄縣；趙國邯鄲今河北邯鄲縣；魏國大梁今河南開封縣；楚國的郢今湖北宜城縣；這些都是當時極繁盛的商業集散地。因政治集中而商業集中，因政治擴大而商業擴大，這又是古代東方封建社會崩潰之又一因。

二

自秦始皇到漢武帝一段時間內，統一政府穩定，文治制度成立，政治問題逐漸解決，而農村均產破壞，工商企業大興，社會經濟貧富不均的狀況，遂成爲一般人目光注意之集中點。

現在先述及當時一般農民的經濟地位。農民在當時，依照國家法律言，是一律自由而平等的，但依經濟實況言，則殊不盡然。每一個自耕農，須向國家繳納地租，這是極輕額的。依照法律規定，是十五稅一，但政府照例常收半額，實等於三十而稅一，並有時常常全部免稅。田租以外較大的負擔，則爲人口稅與兵役。兵役分三類：

一、赴中央，作衛兵一年，這是由政府資給的。

二、赴邊疆，作戍卒三天，這是沿襲古代封建慣例而來的。古代封建諸侯疆域狹小，戍邊三天，連往返也不過六七天。現在則國境遼廓，戍邊三天實際無異於充當一個長時期的兵役。不願去的，許出錢免役。

三、作地方軍一年。又須在地方政府服勞役，每年三十天。其不服勞役的也許出錢免役。

就國家立法言，這些負擔不算得很重。但就當時一般社會經濟情形而論，則頗已於農民為不利。

遠在戰國初年，錢幣的使用，已見開始，下迄漢代，又有黃金盛行。黃金一斤，抵當銅幣一萬文。金幣與銅幣的比數，相差甚遠。一般農民在使用銅幣的經濟狀況下，自然是不能寬裕的，經不起大地主與大商人之盤剝與壓迫。只要遭遇水旱天災，或家人疾病死喪，便不免要典押田畝以濟急。若把田畝典押，即失卻自耕農地位，變成一個租佃。佃户須向田主繳納近於百分之五十的租額，田主向政府仍納三十之一的租，其餘的是他底利剩。如此則佃户底經濟情況將更見惡劣。但在國家的法律地位上，雙方依然是平等的，而佃户依然要按年繳納人口稅，及充當兵役與勞役。若他擔荷不起這些項目，就國家法律上看，他是一個逃避責任不盡職分之違法者。如此他只有兩條路可走：

一、是遊離本鄉，逃脫了國家户口册的稽查，成一亡命者。

二、是把他自身出賣為奴，奴隸的人口稅由其主人代繳，視平民加倍，他可不再負責了。

若他既不敢亡命逃匿，又不肯出賣爲奴，則在屢屢不完口稅與勞役後，亦將爲政府沒收充爲官奴婢。這是漢代奴隸最大的來源。

西漢人口，根據末年統計，約爲六千萬。當時的奴隸數，則史書未有精密記載，但大體計量，恐怕全國官私奴婢絕不致超過二百萬之數。在全國人口數中，該占三十分之一左右。較之西方希臘羅馬時代的奴婢數，是不可相提並論的。中國文化，始終站在自由農村的園地上滋長。在一般自耕農之外便是租佃農與雇耕農，他們的經濟狀況雖較差，但在國家法律上，一樣是一個自由平等的公民，至於在西方社會上的農奴制度，在中國是未曾實現過的。至少在有歷史詳確記載的時代下，並無大規模的農奴制度存在之跡象。在西漢的長安，雖有公開賣買奴隸的市面，那時雖有家僮八百人以上的富户，雖有一輩學者高唱重農主義與恤奴政策，但到底我們不能說漢代也有像羅馬般的農奴制度。

在國家統一的卵翼之下，商業繁榮，是不難想像的。但在當時人的觀念裏，他們之所謂商人，與我們現社會之一般商人，實有很大異點。只看史記貨殖列傳，他把採冶、製造、種殖、畜牧、運輸，種種新的生產事業，只要異乎以前百畝之家的封建農業的，全都歸納在一起，我們可以說，這些在當時是都被目爲商人的，因此養豬種橘，一樣的爲商人。我們可以設想，當時在江陵即今湖北江陵縣栽種千樹橘的一個大企業家，倘使一樹產百橘，每年便收橘十萬。在江陵是無法推銷此十萬橘子的，而那時亦並沒有專銷橘子的商人或水果行。那位種橘翁勢必自己想法，把十萬橘裝載車船，自己運輸到長安或其他大都市去。而且他的推銷，亦並不重在市場上，更要的是各地的封王封侯的大貴族與大地主。這一個種橘商人，他不僅墾地種橘需要奴隸與勞工，更重要的在其把十萬橘子裝入車船以後，如何向各地貴族王侯之府第以及各大都市運銷，勢必仰賴於更聰明更能幹的奴隸。所以當時有「連車騎、交守相」的「桀黠奴」，又有「轉轂以百數」的大賈人。這是相因並至的。因此漢代的奴隸，在田莊耕作的比較少，而在都市或舟車道路活動的比較多。奴隸農業遠不如奴隸商業之重要。而一般奴隸的智力及其生活，亦許較普通農民為優越。農民中的活動分子，儘可因為沒有資本憑藉而自願為奴的。政府對於奴隸，徵收人口稅，要比平民增額一倍。每一平民，每年一百二十文，一奴隸需二百四十文。這些全歸收養奴隸的主人們負擔，但因工商生業利潤較厚，因此在當時，仍禁不得蓄養奴隸風氣之盛行。

漢代另有一種變相的奴隸，稱為「賓客」的，在當時社會上，亦極重要。戰國中葉以下的貴族，常有好客喜士的，如孟嘗君、信陵君等，這一風氣流傳到西漢，便成為「任俠」。當時一般農民社會，因受經濟壓迫，出賣為奴，其情形已如上節所述。亦有不願出賣的，他要逃避政府的力役與口稅，則只有亡命。亡命是流亡異地，因此逃脫政府户口籍貫之調查，而獲得非法自由的一種行為。但在那時，雖說有熱鬧的大都市，卻並沒有像近代式的旅館與客店，因此流亡人不得不找尋寄居與窩藏他的家庭。那些窩藏流亡人的家庭，在法律上是犯法的。但他們卻寧肯冒犯國家法令，窩藏流亡罪人，這便成其所謂「任俠」。當時有些大俠的家裏，往往窩藏到幾百個亡命者，在當時則只稱「賓客」，不稱奴隸。那些賓客，寄居在此窩藏者的家裏，為實際生活上的需要，不得不幫助此窩主共謀生業。這是一個犯罪者流亡人的集團，因此他們經營的生業，也往往是幾種不公開的犯法事業。最普通的如私鑄錢幣，入山開礦，採伐森林，甚至掘墓盜塚，路劫行商等事，都是他們所慣為。那一輩任俠，一面擁有徒黨，肯為他出死力；一面擁有財富，可供他行賄賂。因此這一輩人，在當時社會上亦占有極煊赫的地位與橫暴不可當的權勢。

我們可以說，「商賈」與「任俠」是西漢初年社會上新興的兩種特殊勢力，是繼續古代封建社會而起的兩種「變相的新貴族」。嚴格言之，他們不是貴族，而是富人，但富人與貴族一樣擁有徒黨，一樣可以超然一般羣眾之上，憑藉其特異地位而干犯國家法令。其背後的原因，則為社會貧富不均，驅使一輩貧苦民眾投奔他們身邊來造成他們的權勢。要剷除這種特殊權勢，首先應該著眼在經濟的平衡上。但漢代儘不乏寬恤農民的政令，田租已甚輕，力役亦不重，待遇農民方面已算十分優厚，再要想法，自然要從壓制富人方面下手。任俠本來是犯法的，雖得社會上一般勞苦大眾無識的稱譽，但在政府方面，竟不惜首先採用一種嚴厲手段來對付。在漢景帝時代，各地的大俠，已為政府絡續摧破。到武帝時代，政府目光便轉移到商賈們的身上。

三

當時獲利最厚最大的商業，首推「鹽」、「鐵」兩項。鹽為人人佐膳所必須，鐵器亦家家使用，因此把握這兩項商業的，擅利最厚。當時的政府，便創出一個「鹽鐵官賣」乃至「國營」的政策來。政府的理論是，鹽鐵為天地間自然的寶藏，其利益應該為社會大衆所共享，不應由一二私家獨擅。因此政府在鹽鐵出產地特設官經營製造、運輸與銷售等事，免得為商人所霸佔。鹽鐵以外為政府所專賣的便是「酒」，酒為人人所喜，但是一種奢侈的飲料，因此政府收歸專賣，帶有「寓禁於售」的意思。

當時對於幾種特定的商品，收歸政府官賣以外，又對一般商人，設法增徵重稅。當時增徵的標準，不計其貿易之利得，而只計其經營業務之成本與資財。各商人各自對其資本財產，由自己估價呈報，政府即據報抽收。儻商人呈報不實，由旁人告發，則其全部資財得由政府沒收，而許報告者以半數之酬。此一政策，在當時曾引起絕大騷動，對於一般富商大賈極為不利。但在政府的理論上，是依然根據於「裒富而益不足」的原則而來的。

漢武帝時代的經濟政策，並不盡於上面所舉，我們只藉此說明當時一輩人對調整社會經濟的意見。漢武帝此種經濟政策，其背後有很深厚的經濟理論做他的背景。在小戴禮記的禮運篇裏，有一段描寫當時人理想中的社會經濟狀況的，說：

人不獨親其親，不獨子其子，使老有所終，壯有所用，幼有所長，矜、寡、孤、獨、廢、疾者，皆有所養。男有分，女有歸。貨惡其棄於地也，不必藏於己；力惡其不出於身也，不必為己。

這是秦始皇到漢武帝時的一種理想社會主義。這一種理想，在中國儒家思想裏，本有一貫甚深之流衍。直到漢武帝時，大儒董仲舒，還屢屢提出近於此類的理論。他說：

大富則驕，大貧則憂，憂則為盜，驕則為暴，此衆人之情。聖者使富者足以示貴而不至於驕，貧者足以養生而不至於憂，以此為度而調均之。

這是一個中國儒家傳統的「均產論」。這一個均產論，有兩點極可注意：

第一點：此所謂均產，並不要絕對平均不許稍有差異。中國傳統的均產論，只在有寬度的平面上求均。寬度的均產中間，仍許有等差。

第二點：在此有寬度的均產中間，不僅貧人應有他最低的界線，即富人亦應有他最高的限度。因此中國傳統經濟政策，不僅要「救貧」，而且還要「抑富」。中國人認為大貧大富，一樣對於人生無益，而且一樣有害。因此貧富各應有他的限度，這兩種限度，完全根據人的生活及心理，而看其影響於個人行為及社會秩序者以為定。

中國人的經濟理論，完全如他的政治理論，同樣根據人生理想爲出發，歸宿到人類內心之實際要求上。並不曾就經濟而論經濟，結果乃至經濟與人生脫節，如目前世界之形勢般。中國儒家傳統經濟理論，其實仍只是一個「禮治主義」，此在荀子書中發揮得最透徹，西漢學者的一般見解，大概都由此而來。

四

但漢武帝的經濟，在當時並不收效，而且流害甚大。漢武帝雖則引用了許多好理論，但當時的政府，實際是括削富人財力來支持撻伐匈奴以及開闢各邊疆的兵費，甚至是用來彌補宮廷一切迷信及奢侈的浪用。到漢武帝末年，社會均產的理想，幾乎變成普遍的破產。但武帝以後的一般學者，大體上，依然贊成武帝時代的經濟政策，只主張由一個節儉的政府來實施。這一種意見，逐漸醞釀，而促成王莽的變法。

王莽由禪讓的理論代替爲天子，他應該變法，一新政治。政治的終極目標爲民衆，民衆的基本要求在經濟。先要經濟均等，不使社會有大貧大富，然後再好講教育與其他。因此王莽變法的最大目標，便專注意在經濟問題上。他一方面要提高農民的生活水準，一方面要裁抑富商大賈的資本勢力。他最重要的幾條法令：

其一：是田畝收歸國有，再公共分配，這是要恢復西周時代井田制度的。在此制度下，可使永絶田地兼併，使耕者有其田，不再有佃農與雇耕人。

其二：便是廢止奴婢，受解放的奴婢，各向政府受田，重過自由獨立的平民生活。

其三：是繼續漢武帝時代的政策，厲行專賣制度，鹽、鐵、酒、錢幣及銀行五項，均不許社會私人經營。

其四：是對富商大賈施以各種重稅與限制。譬如養一奴婢，便需出錢三千六百文，較漢制增十五倍，較普通平民的口稅則爲三十倍。

其五：則王莽並主張根本廢絶貨幣制度。

在當時人的意見，認爲社會貧富不均，由於富人之剝削，而剝削之根源，則由於商業與貨幣制度。若將貨幣制度取消，使民間重回到以物易物的原始狀態，則農民庶可永保其經濟上之平衡地位，而不再下降。這一個見解，也並不起於王莽時代，在漢武帝以前已有這種理論了，不絕的傳衍下來，直到王莽時代，始見諸實施。

王莽的經濟政策，因種種原因而歸於失敗，但繼續王莽以後的，也還依然依照著這一個理論，不過在推行上則比較的弛緩。解放奴隸的命令，在光武時代屢次頒佈，重農抑商，控制經濟，不使社會有大富大貧之分，這是中國自從秦漢以來兩千年内一貫的政策。中國的社會經濟，在此兩千年內，可說永遠在政府意識控制之下，因此此下的中國，始終沒有產生過農奴制度，也始終沒有產生過資本主義。

五

經濟生活，只是整個文化生活最低的基層，若沒有相當的經濟生活作基礎，一切文化生活無從發展。但經濟生活到底只是經濟生活而已，若過分在經濟生活上發展了，反而要妨害到其他一切文化生活之前途。我們不妨說，經濟生活是消極的，沒有相當滿足是絕對不成的，但有了相當滿足即該就此而止。其他文化生活如文學、藝術之類，則是積極的，沒有了初若不打緊，但這一類的生活，可以無限發展，沒有限度的。中國傳統人生理論，似乎正是認定了這一點，對經濟人生總取一個消極態度，對其他文化人生則取了積極態度。

古代的封建貴族，秦漢以後是沒有了。由軍隊打仗出身的新貴族，自漢中葉以後也漸漸告退了，這已在上章裏說過。社會新興的商賈富人以資產爲貴族的，現在也由政府法令不斷裁抑而失勢。無論在政治法令上，以及經濟權力上，全社會常逐漸走向平等的道路，這是中國人的傳統理想。

但我們要注意，中國人此種理想，並不在只求經濟生活之平等，而在由此有限度的平等經濟生活之上，再來建造更高的文化人生。因此中國人一面看不起專以求財富爲目的的商人，一面又極推尊以提高文化人生爲目的的讀書人。把握此種理想而想法子來實現的這一責任，便在這輩讀書人身上。若說在秦漢以下中國社會上比較像有特殊地位的，也便是這一輩讀書人了。現在讓我們再來看一看漢代讀書人的一般境況。

六

漢代的讀書人，大體上都由農業社會裏出身，他們都先過著半耕半讀的生涯。譬如漢武帝時代的朱買臣是一個樵柴者，公孫宏是一個牧豕的。像此之類，前、後兩漢書裏儘可找出許多例。農業社會有他一定的休閒期，一到冬季，便可乘暇讀書。那時的經學，所謂「玩經文，通大義」，並不像後來般煩瑣。按照當時情形，每年以一冬讀書，三冬便可通熟一經。在十五歲以前，先習爾雅、孝經、論語諸書。十五以下，開始讀正經，三年通一經，十五年便可通熟五經，那時還不過三十歲。漢代常有命地方察舉「孝子廉吏」及「茂才異能」之士的詔令，鄉村學者儘有被舉希望。公孫宏在晚年察舉賢良，對策稱旨，不數年即爲丞相，晉封侯爵。那時郡縣地方政府，屬吏都由長官自辟。只要鄉村有大儒碩學，地方官亦常辟召爲掾屬，不久便可升遷。自漢武帝以下，文風漸盛，社會競知嚮學。一方有名儒，學者四面而赴，所在結集。往往一個學者，其先後來學著弟子籍的，多逾千人，少亦數百。如此之例，愈後愈盛，到東漢爲更甚。因此，一個學者，即不出仕，在其壯年以前，可以躬耕自給；在其中年以後，體力漸衰，聲聞日廣，亦可仰給於來學者之束脩甘旨，以爲仰事俯蓄之資。他們粗淡的生活既易解決，而社會的榮譽，又使他們有無窮之慰藉。因此一輩高尚澹泊之士，常願終老村社，不受朝廷之招聘與郡縣之徵辟。如此則更增加了一般學者之地位。

西漢政府，是與鄉村息息相通，並無隔閡的。政府官吏，幾乎全都由鄉村學者出身，因此他們共通的經濟見解，常求繁榮農村，裁抑商業。漢代又有一種禁令，凡仕宦爲官的，即不許兼營商業。此乃漢武帝聽從董仲舒意見所定。而政府又有種種限制，使商人雖有財富，不得從事奢侈誇耀的生活。此在漢高帝時，已有「商人不得衣絲乘車」之禁。生前的屋宇，死後的墳墓，皆有規制，不得踰越。此是中國人傳統之所謂「禮治」。因此經商爲富的人，雖富而不榮；耕讀傳家的，雖貧而尊，一旦顯揚，遠爲富人所不及。政府的政令以及社會學者的提倡，積漸成風，使一般人相率捨棄「經商服賈」的賤業，而轉換到「通經服古」的路上來。在西漢晚期，有一句名言說：「黃金滿籯，不如遺子一經。」這是說，與其把滿筐黃金傳給你的兒子，還不如付他一部經書。因通熟一部經書，可以成名立業，安富尊榮。若滿筐黃金，雖可作爲資本，經營發財，但上爲政府所裁制，下爲社會所卑視，縱有多金，無所用之。因此一輩商人，只要家境粗給，也便急於改業，讓他們的兒子離市場，進學校，遠道從師，學爲儒雅。因此漢武帝與王莽種種禁抑商人的律令，雖到東漢時代未能嚴厲執行，而東漢的商人卻遠不如西漢般活潑。東漢社會，既不是貴族中心，又不是軍人中心，亦不是富人中心，而成爲一種士人中心即讀書人中心的社會了。其原因便在此。

但在西漢時代，舊的貴族與軍人的勢力，尚未完全摧毀。新的富人與讀書人的地位，尚未明白確定。因此西漢二百四十年的社會，時在動盪，因而格外顯得有一種强健的活力。一到東漢時代，社會中心的領導地位，已確定落在讀書人手裏，因此社會漸趨安定，而一種强健的活力也漸見萎縮，不如西漢般虎虎有生氣。

中國是一個大一統的國家，從事政治事業是最尊榮的，只做一縣令，所轄土地逾百里，所屬人口逾萬户，縣廷掾屬，有多至千人以上者，這些全都由縣長自由辟署。這已儼然像古代一小諸侯。若爲一郡太守，轄地千里，屬户百萬，更可多所展布。漢代又奬勵官吏久任，在職數十年不更易者有之。其升遷又甚速捷，由縣令即可擢升郡守，由郡守即可內轉九卿而躋三公。往往有由屬吏察舉十數年，四五轉即至三公之尊。一爲三公，則全國事務，無所不當預聞。天下安危，繫諸一身。因此中國的讀書人，無有不樂於從政的。做官便譬如他底宗教。因爲做官可以造福人羣，可以發展他的抱負與理想，只有做官，最可造福人羣。不得已退居教授，或著書立說，依然希望他的學徒與讀者，將來得依他信仰與抱負，實際在政治上展布。至於經商致富，最多不過身家溫飽，或澤及鄉里而止。有大才智的，寧願安貧守道，希望一旦在政治上得意，不肯經商自污，爲一時私家經濟打算而有累清名。這恐是中國社會上特有的一種觀念，配合於其政治、經濟各方面狀態而產生的一種極關重要的觀念。這一種觀念，在異社會、異文化的人看來，自覺有奇異之感。但非知此意，即不易明白得中國歷史之真態與其文化精神之根本託命所在。

但如我們用純經濟的眼光來觀察，則這裏便又是另一番景象。只要你服務月俸二千石的官職，外官自郡太守起，內官自九卿起，達十年二十年以上，無論你是出身農村社會的一個平民學者，無論你居家如何清廉，但是你在當時的社會上，自然是居於翹然特出的地位了。郡守九卿的屬吏，皆由他們自已拔擢援用，自已察舉推薦。將來這些屬吏各自在政界上有出身，有地位，便是你的門生故吏遍滿要津了。

那時書籍寫在竹帛，竹重帛貴，頗不易得。流傳難廣，一個仕宦家庭的子弟，自然有他讀書與從政的優先權。而且讀書家庭間聲息相通，這裏邊不免要相互幫忙。在國家法律上，讀書從政是公開的、平等的、國民人人可得；但在社會實際情形上，則這兩種權益，容易在少數家庭中永遠佔到優勢。因此東漢時代頗多由「累世經學」的家庭而成爲「累世公卿」的家庭。那時雖已沒有貴族世襲的制度，但終不免因爲變相的世襲而成爲變相的貴族。那種變相的貴族，便是所謂

「士族」。這種端倪，早起於西漢末葉，到東漢而大盛，下及魏晉南北朝，遂成爲一種特殊的「門第」，我們無以名之，只有名之曰「郡縣國家文治政府下之新貴族」。這種新貴族形成之後，中國社會又自走上一個新階段，造成一種新形態，這是我們要在下一章裏述說的。

七

現在我們先把本章要旨，再概括述說一番。

中國社會從秦漢以下，古代封建貴族是崩潰了，新的軍人貴族並不能代之而起。若照社會自然趨勢，任其演變，很可能成爲一種商業資本富人中心的社會。這在西漢初年已頗有顯著的跡象可尋。但因中國傳統人生理想，不容許這一種富人中心資本主義的社會產生，因此在文治政府之不斷控制下，商業資本終於短命，而新的士族逐漸抬頭，成爲貴族、軍人與富人以外的另一種中心勢力與領導階級，這便是東漢以下之所謂「士族門第」。這一種士族門第，他的立場，並不站在古代血統傳襲的觀念上，亦不憑藉後世新起的軍人强力與商人富力來支持其地位，他們的特殊地位，乃由另一憑藉而完成。他們是憑藉在國家特定的法令制度上，在他們自身的教育上，換言之，是在他們的智力與道德之特別超詣上。

在西方歷史上，除卻貴族、軍人與商人外，其在社會上佔有特殊地位的尚有教會中的僧侶或教士。此在中國則因宗教不發達，因此僧侶一派從未佔有特殊地位。若把中國儒家看作一種變相的宗教，則五經便是中國儒教的經典，那些東漢以下的士族，便相當於西方中古時期之僧侶。

我們不妨稱儒家為一宗教，那是一種現實人生的宗教，是著重在現實社會與現實政治上面的一種「平民主義與文化主義的新宗教」。西方宗教是「出世」的，而中國宗教則為「入世」的。西方宗教是「不預聞政治」的，而中國宗教則是「以政治為生命」的，這是雙方的不同點。但是無論如何說法，中國社會在東漢以下新士族門第之形成，這是中國文化歷史衍變中一種特有的形態，在世界任何民族的文化史上，並無相似或同樣的形態可資比較。這是研究中國文化史的人們所應特別注意的。

第七章　新民族與新宗教之再融和

一

中國在秦漢時代，根據先秦人的觀念與理想，對於他將來的政治制度以及社會形態，奠定下基礎，明確了趨嚮，這已在前兩章裏約略述過。經歷了西元前二二一至西元一八九，四百年的全盛時期，下面接著一段西元一九〇至五八八同樣四百年的中衰期。中國史上叫做魏晉南北朝時期。這一時期裏，有兩個最顯著的特徵：

一、是新民族的羼雜。

二、是新宗教的傳入。

讀史的人多把此一段轉變時期來和西方史上的蠻族入侵和羅馬衰亡相提並論，但其間實有一極大不同之點。在西方是羅馬民族衰亡，日耳曼民族代興；在中國則依然是自古以來諸夏民族的正統，只又繼續羼進了一些新分子。在西方是羅馬文化衰亡，希伯來宗教文化繼之代興；在中國則依然是自古以來諸夏文化的正統，只另又羼進了一些新信仰。因此在西方是一個「變異」，在中國則只是一個「轉化」。這是羅馬衰亡和漢統中衰所絕然相異的。

何以漢代衰亡，而中國沒有走上像西方史上羅馬覆滅時的景象？這因漢代建國本與羅馬不同。羅馬建國，憑靠少數羅馬人爲中心。羅馬以外區域雖大，到底只是羅馬的征服地，並不是羅馬的本幹與基礎。漢代立國，則並非向外征服，而是「向心凝結」。他是四方平均建築在全中國廣大地域的自由農村上面的。他的本幹大，基礎廣，因此一時雖有病害，損傷不到他的全部。羅馬衰亡，如一個泉源乾涸了，而另外發現了一個新泉源。魏晉南北朝時代，則如一條大河流的中途，又匯納了一個小支流；在此兩流交匯之際，不免要興起一些波瀾與漩渦，但對其本身大流並無改損，而且只有增益其流量之宏大與壯闊。但是漢代四百年的全盛期，何以到底也不免一個衰頹的突然降臨呢？這大體上不外兩個原因。

一、東漢王室繼承著四百年的長治久安，安富尊榮積而腐化。

二、東漢士人爲當時社會領導中心的，也與西漢不同。西漢士人大半出身在自由農村裏，帶有一種穩健壯旺的精神；東漢士人則漸漸出身於貴族門第，與自由農村隔絕，沒有西漢士人的樸實健全。因此西漢學術尚是粗疏闊大，元氣淋漓，一到東漢，漸變爲書生式的煩瑣章句訓詁形式了。

積此兩因，遂以招致魏晉南北朝四百年的中衰。但到底沒有破壞到廣大的基層與幹部，因此中國文化雖在厄運中，還是生機不息，照常有衍進。

二

現在先說異民族之羼雜。

在中國人觀念裏，本沒有很深的民族界線，他們看重文化，遠過於看重血統。只有文化高低，沒有血統異同。中國史上之所謂異民族，即無異於指著一種生活方式與文化意味不同的人民集團而言，這在上面已經講過。

在中國北部，因天然環境之不同，限於氣候土壤種種條件，中國內部農村文化，到此受到障礙，不能推進，於是環踞著許多的游牧社會，與中國大部的農村生活隔成兩截。在東漢末年，正北方有匈奴，東北方有鮮卑，西北方有氐與羌，這些在當時是羣認為異族的，但在歷史記載上，即相互間的傳說上，則匈奴、鮮卑、氐、羌一樣與諸夏同一祖先。匈奴出於夏，羌屬姜氏，鮮卑為有熊氏，氐出有扈氏，好像全是同族同統。這裏面可有兩個解釋：

第一：他們和中國諸夏，在很遠的古代，或許是同出一源。

第二：則只要他們一接觸到中國文化，便受到一種感染，情願攀附華夏祖先，自居於同宗之列，而中國人也樂得加以承認。因此歷史上遂把這許多話大書特書的記下。這正可證明中國人傳統民族觀念之融通。因此中國人對當時他們所謂的異民族，也並不想欺侮他們，把他們吞滅或削除，只想同化他們，讓他們學得和自己同樣的生活方式與文化習慣。這是中國人的對外政策，自名爲「懷柔政策」的，這是一種使人心悅誠服，禁不住由衷記念我而自己軟化乃至同化的政策。

中國人在懷柔政策下，常常招致邊外的歸化人，讓他們遷移到邊疆以內，給以田地，教之稼穡，漸漸再施以中國傳統的教化，直到東漢末年，這一種邊內雜居的異民族，日漸地多了。尤其是三國以下，匈奴人居住在今山西省太原以南的一帶，最稱繁盛。其次如鮮卑人居住在東北境的遼河兩岸，氐與羌人居住西北的甘肅省境。他們全都習得中國的農業生活，及相當的教育程度，他們在當時已無異於中國人之一部分了。乘著漢代末年的大饑荒，中央政府解體，各地士族憑藉固有的特殊勢力，羣起割據，而那些由塞外內遷的胡人遂亦乘機興亂。這在當時，與其說是一種民族鬬爭，無寧說是一種社會紛擾。因此不斷的紛擾，逼得西晉王室南渡，西元三一七年建都建康，即今之南京，歷史上稱爲東晉。同時有大批北方士族隨著政府南渡，遂形成了那時期的中國正統。

由東晉傳於宋、齊、梁、陳四朝，後代歷史上稱之爲南朝。而北方則經歷了一百多年之長期混亂，歷史上稱之爲五胡十六國之亂，北方終於合併爲一個政府，這是一個擁戴鮮卑人爲君主的政府，歷史上稱爲北魏。因以示別於南朝，而又稱爲北朝。北朝又分裂爲東、西二政府，東魏、西魏以及北齊、北周，最後到隋朝起來，又把中國南北統一。

三

我們在此一段長時期紛擾中，所要首先指出的，當時中國雖分南、北兩方，但實在全都應該屬於中國傳統文化的系統，絕不能説那時的北方，已經不是中國文化而另有一種異族胡人的文化。那時雖有大批中國士族，隨著東晉王室南渡長江，但大部分的中國士族，依然保留在北方並未南遷。他們是中國傳統文化在北方的承繼人和保護人。當時北方政府，雖擁戴胡人爲君主，但實際政治的主持與推行，則大部還在中國士族手裏。當時中國北方士族，他們曾盡了教育同化胡人之極大努力。從某一方面説，他們恰如西方的基督教會，曾在中世紀裏也盡了教導開化北方蠻族的功能。只是西方基督教會並不直接羅馬傳統，而爲當時的一種新興勢力，而中國北朝時代的北方士族，則在歷史上並非一種特起的與中國人素不相關的異民族，他乃直接自東漢以來在社會上已經形成的一種組織與機能，不過在此紛亂狀態下更見其特殊有意義的貢獻而已。因爲西方中世紀的基督教會，並非直接羅馬政治傳統，故而他們要另自組織，形成一種非政治的宗教勢力，將來不免與北方蠻族新興的政治勢力相衝突，而在此蠻族的新政治機能未達十分完成之前，便有一段所謂的西方「封建時期」。在中國則北方士族直接兩漢傳統而來，因此北朝政府裏雖羼進許多胡人，但其政治上的大傳統，依然沿襲兩漢文治政府之規範，雖在小節目上，不免有許多差異，但大條理大法則，則並無變動。因此當時中國雖分南北兩政府，但此兩個政府同樣是沿襲秦漢以來郡縣國家文治政府之規範，在中國史上不致再有一個封建社會出現。

這許多北方士族，便是撐持過這一段狂風惡浪的險要灘頭之掌舵人。他們又如病人身上起死回生的赤血球與活細胞。他們在社會上，本有一種特異地位，一經變亂，他們隨著需要，羣起團結他們的本宗親族，以及鄉里的附隨民衆，而形成了許多在經濟上可以自給，武力上可以自衛的大集團。當時一個大家族，有包含著幾千個小家庭，又組織成幾千乃至萬人以上的自衛部隊的。他們聯合宗族，是推本於古代「孝」與「仁」的觀念而來；他們保衛鄉里，是推本於古代「義」與「忠」的觀念而來。原來東漢的「察舉制度」，最要的在採取宗族與地方的輿論。在宗族為「孝子」，在鄉里為「廉吏」，便有被察舉的資格。因此格外養成了當時士族重宗族重地方的觀念。但士人的終極目的，是在貢於王朝，獻身國家。因此當時士族，雖極重宗族與鄉土，也不致專為宗族與鄉土著想，而造成一種封建與割據。

當時的胡人，起先賴藉他們自己的民族意識而號召，易於團結成一種武力，在紛亂局面下奮起，推倒握有傳統政權的王室。但他們遇到這許多散處社會各方的士族勢力，到底不得不讓步而與之相妥協，無法把他們整個消滅了。這便形成了在當時北方中國胡、漢合作的局面。諸胡政府與漢人士族的合作，此種形勢，又頗似於西方社會封建形成之情態。但當時的北方士族，另一面還擁有兩漢傳統的政治理想與政治精神，他們依然抱有天下統一世界大同的潛在希望，他們決不願在胡人政權下獲得一宗族一地方的權益而自足，他們依然要在政治上重新再建兩漢文治統一政府之規模。因此在中國北朝時期，儘像有封建復活之現象與趨勢，但到底很快便建立起一個統一政府來。而且這一個政府，又不久便創設了許多極合傳統理想的新制度，像調整社會經濟的「均田制」，與整頓國民兵役的「府兵制」等。將來全都爲隋唐政府所效法與承襲。這些全是當時北方士族的貢獻。換言之，即是中國傳統文化力量之表現。我們若撇開北方政府擁戴胡人爲君主的一端於不論，我們儘可說當時的北方社會，對於中國傳統文化精神之發揚與衍進，有些處尚超於南方社會之上。

我們若說當時北方士族爲中國傳統文化之承續人與保護人，則我們亦可說，當時南方士族爲中國傳統文化之宣傳人與推廣人。因爲其時長江以南，同樣有許多當時認爲異族的即古代諸蠻之遺種，盤踞生長，尚未達到與中國大部民衆同一生活同一文化之水準。當時中國南、北兩方，實在同樣進行著民族融合與文化傳佈的大工作。同樣的羼進了許多民族新分子，同樣的把傳統文化更擴大。不過讀史的人，只注意在政治的浮面，因而不覺得這一種工作之意義。我們儘不妨說，魏晉南北朝時期，實在是繼續著春秋以前完成了中國史上第二次的民族融和國家凝成的大貢獻。

這實在可認爲是中國傳統文化在經過嚴重測驗之下的一種强有力的表顯。

四

我們繼此說到新宗教之傳入。

中國傳統文化，一到先秦時期，本已超越宗教需要。人生理想，已可不賴宗教信仰而完成。但到東漢中葉以下，便禁不住社會上一般宗教要求之復活。這裏面一個最要理由，便是由於儒家思想作爲社會人生領導中心的功用之漸次墮退。這一種墮退的徵象，最顯著的便是上面所述東漢王室腐化，與士族門第之興起。本來儒家思想可以代替宗教功用的，他是一種現實人生的新宗教，他已具有宗教教義中最普遍最重要的「慈悲性」與「平等性」，他亦具有宗教家救世救人的志願與能力。他與宗教之不同處：

一、宗教理論建立在外面「上帝」與「神」之信仰，而儒家則信仰「自心」。

二、宗教希望寄託於「來世」與「天國」，而儒家則即希望「現世」，即在現世寄託其理想。

秦漢時代遵守著儒家思想的指示，大家努力向天下太平世界大同的境界而趨赴。他們只著眼於現實人生之可有理想，這一種理想之實現，已足安慰人心的要求，因此不再有蘄求未來世界與天上王國之必要。但一旦王室腐化，士族興起，此種現實人生可有的理想境界逐漸消失，人心無寄託、無安慰，自然要轉移到未來世界與空中天國去。這是中國人民在當時感覺到宗教需要的一個最大理由。

印度佛教適於此時傳入中國。佛教思想中之慈悲觀與平等觀，這是與中國傳統觀念最相融洽的。而且佛家思想裏，更有與中國傳統精神極易融洽之一點，即在他的一種「反心內觀」的態度。我們可以說，古代希臘的自然哲學，與希伯來人的宗教信仰，雖則他們顯有不同，但有一點是相同的。他們同樣撇開自己，用純客觀的眼光向外探索。希臘人用的是科學方法，來尋求自然真理；希伯來人用的是宗教精神，來信仰一個上帝之存在。無論上帝與自然，同樣「超於人類自身之外」。人類先須撇開自己，一意向外，始能認識此種科學或宗教之真理。

中國的傳統觀念，尤其是儒家思想，則一切「著重在自身」，一切由自身出發，一切又到自身歸宿。他看世界萬象，並不用一種純客觀的眼光，並不覺得世界外我而存在，與我爲對立。他卻慣用一種「物己融和」的，「人格透入」的看法。向外看猶如向內看，他常把外面、內面看成一片。他把自己放大了，不認狹窄的自己與廣大的外面互相對立。這一種態度，即在道家，也還如此。故曰：「天地與我並生，萬物與我爲一。」

在中國人眼光裏，没有純客觀的世界，即世界並不純粹脱離人類而獨立。因此在中國思想裏，不能產生西方的宗教，也不能產生西方的科學。但佛教精神在此上頗與中國思想符合。他雖則成一宗教，但信仰的對象並不是外在的上帝，而是人類自身諸佛菩薩，這一層，正和中國人崇拜聖賢的理論不謀而合。因此佛教理論，亦常從人類自身出發，仍歸宿到人類自身。我們可以說佛教還是一種「人本位」的宗教。而基督教則是一種「天本位」的宗教。所以基督教要從天地創始上帝主宰說到萬物人生，而佛教則只從人的身上，尤其是人的心上，說到外面萬物衆生與大千世界。因此基督教極易與希臘哲學合流，而佛教思想則甚為中國人民所讚許。

但佛教思想與中國儒家顯相違異之一點。儒家對現實人生抱一種「積極樂觀」的態度，他對於人類心理有一種極深刻的觀察，認為只要根據人類自有的某幾個心態，就此推擴，便可達到天下太平世界大同的現實人生之理想境界。佛家則對人生徹頭徹尾的「悲觀消極」，他們並不主張改善人生，而主張取消人生。他們對人心又另有一種看法，他們根據另外某幾個人類心態，認為應該由此入手，把現實人生的一切活動逐步取消，以達到個人心境上之絕對安靜，即「涅槃」。乃至於人生之根本取消。在這上，佛家思想乃頗與中國道家為近。道家對於現實人生是悲觀消極的。佛教初輸入，即依附著此種在當時盛行的悲觀與消極的道家的人生觀而流布。

但道家與佛家亦有深刻的相異點。佛家「嚴肅厭世」，因此有出世的要求；道家只消極悲觀，卻不嚴肅厭世，因此變成「輕蔑隨順」一種玩世不恭的遊戲人間。此因這兩種悲觀消極的人生觀，到底還要分道揚鑣，各自發展。佛教依附道家思想而流傳，道教又模倣佛教形式而產生。在佛教傳入中國的前後，遂同時有道教之成立。但道教正因爲缺乏嚴肅厭世的心理，所以到底不成其爲一種真的宗教。嚴肅壓世的真宗教，到底是外來的，不是中國傳統文化之所有。

五

再換一觀點言之，儒家是「純乎站在人的本位上」來觀察與辨認宇宙萬物的，道家則「頗欲超脱人本位」而觀察辨認外面的世界。這一點，道家思想又似頗有與西方自然科學接近的可能。道家對現實人生，始終抱著一種黏著的態度。他雖對現實人生抱悲觀，但並不向現實人生求擺脱。他依然要在現實人生裏尋求安頓。他不像佛家直截主張取消現實，道家只想放寬一步從超乎人本位以外的觀察與辨認中來熟識此世界，然後操縱之以爲我用，使我得到安樂與寧靜。因此道家思想常偏近於方術的。但他不能像古代希臘人以及近代西方人之活潑壯往，積極奮鬭，又不能徹底超脱自身，對外物真作一種純客觀的考察與玩索。因此中國的道家思想，他雖含著不少近於西方自然科學的成分，卻永遠產生不出西方的科學來。

道家既看不起現實人生，又不肯直截捨棄，他雖想利用自然，又没有一個積極奮鬭的意態，因而曲折走上了神仙與長生的追求。這是人類自自在在，不費絲毫手腳，不煩奮鬭吃苦，而在自然界裏獲得了他種種的自由與要求之一種詩意的想像。在先只如秦始皇、漢武帝，在現世界功成志滿，覺得現實人生已達頂點，更無可往，日暮途窮，遂想訪神仙求長生，聊以自慰。後來東漢的士族們深感王室腐化，世事不可爲，想在自己小環境裏藏躲逃避，自尋安樂，因而閉門習靜，焚香默坐，或誦經咒，或服食藥物。這依然是黃老方術，不是宗教信仰。

那時道家思想尤其盛行的有兩處，一在今山東、江蘇省境，一在今四川省境。這兩處都可與印度發生交通關係。從山東、江蘇沿海乘海船到交趾，這是海上接通印度的一條路。從四川向西南，從陸路穿過西南夷，從今雲南省大理入緬甸境，這是陸上接通印度的一條路。或許在東漢中晚期，印度佛教已不斷從此兩處漸漸間接直接傳來中國，中國社會正在厭倦現實人生，便無意中把他們所知道的粗淺的佛教傳說牽强附會到中國固有的道家思想中去。當時還不過爲的消災降福，升仙長生。因此當時有把老子與釋迦同室祭祠的，在東漢的王宮裏已有此種風氣。這便是由道家漸漸過搭到佛教上去的開始。直到此種風氣，散布愈廣，滲透遍了廣大的農村社會，遂有漢末黃巾之亂，促成漢王室之崩潰。

在東漢王室崩潰以前，佛教在中國，只在社會底層暗暗生長，還沒有浮現到社會上層來。但一到三國時代，形勢便不同。兩漢四百年的傳統王室，徹底崩潰，社會大亂，人心無主，傳統文化尊嚴掃地，中國人民遂開始正式的皈依佛教。中國始有正式僧人，並西行求法。西元二五九年，潁川朱士行出家，爲中國有正式僧人之始。直至西晉末年，北方大亂，諸胡羣起，那時佛法更見盛行。胡人中不少信受佛法的。他們自認在中國不是傳統的統治者，因此很情願來宏揚非傳統的宗教，最著名的如石勒之敬事佛圖澄，苻堅之敬禮釋道安，姚興之敬禮鳩摩羅什，北方佛教因受諸胡君主之尊奬而大宏。因此北方佛教，始終與政治發生密切聯繫。但一切實際政治問題，到底不能仰賴佛法來解決，於是北方士族遂始終把握到領導實際政治的地位與權威。他們想要與佛法抗衡，便權宜的推出道教。

北魏太武帝時，開始有道、佛兩教之衝突。這一個衝突，以北魏大臣崔浩爲中心。崔家是北方士族的代表，這一衝突，實在不好算是宗教思想之衝突，而是政治問題的衝突。崔浩提倡的是寇謙之一派的道教。寇謙之在當時被尊奉爲「天師」。他採用了不少西漢時代的「五德終始說」，這已不是東漢以來流傳在社會底層消極的神仙長生的道教，而是又重返到西漢時代儒生提倡的「天人合一」的政治理論的傳統上去了。在此衝突過程中，有「盪除胡神，擊破胡經」的口號發現，可見這一個衝突，顯然是北方士族想把政治領導權牢牢掌握在自己手裏的一種努力。一時北方佛法頗受壓迫，但崔浩一家不久便被族誅。佛法終於再盛。

據魏書釋老志統計，在西元五四〇年時，北方佛寺到達三萬所，僧尼有二百萬，這真盛極一時了。但是避調役，逃罪罰，並不能說真心信仰的，恐占多數。那時北方佛寺營造之奢侈，以及像伊闕石窟、雲岡石窟等雕像之糜費，從傳統政治理論及社會秩序來看，佛法興盛，有損無益，因此北方又繼續經過幾次道、佛衝突之後，終於佛、道兩教全退處於次要的地位，實際政治領導權，始終仍爲士族所操持，而傳統的儒家精神終於復活，那是已在北周及隋、唐初期了。

南朝自東晉以後，佛教亦大盛。那時南方佛教的風尚，與北方頗不同。北方佛法常受王室擁護，頗想造成一種神權政治而沒有成功。南方佛法則多由士大夫自由研習，他們多用純哲學的探究，要想把佛教哲學來代替儒家思想，成爲人生真理之新南針。他們大體都是居士而非出家的僧侶。因此北方佛教常帶「政治性」，南方佛教則多帶「哲學性」。北方佛教重在「外面的莊嚴」，南方佛教重在「內部的思索」。在這方面，南方佛教實較北方佛教爲解放。當時南朝君主，如梁武帝，他的皈依佛教，亦純爲教義的真切嚮往，並不夾雜絲毫政治作用。但尊信佛法，到底要歸重出世，或偏近莊老，不能做現實人生之指導。梁武帝因爲一心崇佛，疏忽了實際政治，招致大亂，自身被困餓死，這是南方佛法進展一大打擊。

當時南方亦有道、佛之爭，但所爭亦多屬哲理方面，並不牽涉政治問題。當時有一爭辯最烈的，關於「人類靈魂之有無」問題，亦起在梁武帝時。一派主張人生只有「心」的作用，沒有靈魂，人死則心作用亦隨與俱息，這一派稱爲「神滅論」；另一派則主張人生除心外別有「靈魂」，靈魂不隨人死而俱滅，其人雖死，靈魂依然存在，這一派稱爲「神不滅論」。神滅論可說是中國的傳統觀念，只要人死，其人的心靈作用隨以俱息，更無靈魂可以脫離肉體而存在。如此則人類生命只限於現世，沒有所謂過去世與未來世。換言之，人生只有歷史上即文化界的過去世與未來世，沒有宗教上即靈魂界的過去世與未來世。故人類只當在此現實世界及其歷史世界裏努力，即向人類文化界努力，不應蔑去這個現世與歷史文化世界而另想一個未來世界。如此則人生理論之歸宿，勢必仍走向儒家的路子。

當時主張神滅論的是范縝，這是中國傳統思想對佛教一個極有力而最中要害的打擊，梁武帝曾詔令羣臣各各爲文答辯。可見范說在當時影響與震動之大。只要此下世運漸轉，現世生活重有希望，實際人生的領導權，終於要復歸到中國之舊傳統，我們只看這一爭論，便可想見其端倪。

六

但上面所述南、北雙方的佛法大行，若另換一副眼光看之，則還都是些助緣而非其主因。我們要繼續略述南北朝時代，佛學盛行之真精神。

在中國史上，平民講學的風氣，從孔子、墨子開始，直到東漢末葉馬融、鄭玄，中間經歷將近千年，社會嚮學之風愈來愈盛。漢末太學生至三萬人，可見一斑。一到三國之亂，講學之風頓衰，一方面固由人心對於儒學暫時失卻信仰，同時亦因社會播遷流離，沒有講學的環境。更重要的是士族門第都集中到中央政府，要求政治力量的庇護。因爲士族集中，一面助長其奢侈與清談之風，一面與農村隔絕，漸漸失卻活力與生源，常自關閉在私家門第的小安樂窩裏，思想日陷於退嬰與消極，他們只以莊老玄虛自娛，此如南方士族。較好的亦不過能注重到政治問題而止，此如北方士族。再沒有教育社會羣衆的精神與熱心了。因此機緣，而後佛寺和僧侶，正好代之而興，掌握了社會大衆的教育權。一般平民社會中的聰秀子弟，有志向學的，只要走進廟宇，既得師友講習之樂，又獲書籍繙閱之便。私人經濟不需掛慮。而一切兵火盜賊之災，亦不侵害到他們，又得當時南北雙方政府之提倡與擁護，佛法推行自然要更加蓬勃了。

在此我們需要特別指出一點，印度佛教，本與其他宗教不同，他雖亦有偶像崇拜和神話粉飾，但到底是更傾向於人生哲學之研尋，並注重在人類内心智慧之自啟自悟的。尤其在當時中國的佛教，更可說是哲理的探求遠超於宗教的信仰。因此在印度，佛教以「小乘」爲正統，「大乘」爲閏位。但在中國，則小乘推行時期甚短，兩晉以後即大乘盛行。在印度，大乘初起，與小乘對抗極烈。在中國，則開始即二乘錯雜輸入，兼聽並信。此後大乘風靡，亦不以傍習小乘爲病。至於持小乘譏毀大乘者，在中國幾絕無僅有。中國佛教顯然是更偏重在學理而偏輕於信仰的，這又可說是中國文化一種特殊精神之表現。

那時的中、印交通，海道由廣州放洋，或由安南或由青島經爪哇、錫蘭等地而達印度。陸道經西域，踰葱嶺，經帕米爾高原、阿富汗斯坦入迦濕彌羅。這兩條路，皆須經歷無窮艱險。但中國僧人親往印度求法的，由三國末年迄於唐代中葉，先後將五百年間，繼續不斷，其至今有姓名可考者多達一百餘人，其名佚不傳者又有八十餘人，尚有其他失於記載的。這些冒著道路艱險，遠往求法的人，幾乎全都是私人自動前往，極少由國家政府資助奉派。他們遠往印度的心理，也絕對不能與基督徒禮拜耶路撒冷，回教徒謁麥加，或蒙古喇嘛參禮西天相擬並視。雖則他們同樣有一股宗教熱忱，但更重要的還是由於他們對於探求人生真理的一種如饑如渴的精神所激發。他們幾於純粹爲一種知識的追求，爲一種指示人生最高真理的知識之追求，而非僅僅爲心靈之安慰與信仰之宣洩。他們的宗教熱忱，絕不損傷到他們理智之清明。這許多遠行求法的高僧，當他們回國時，莫不攜回了更多重要的佛教經典。

說到翻譯成績，亦至可驚。根據唐代開元釋教錄所述，自漢末下迄唐代開元中葉時代，譯人一百七十六，所譯經典達二千二百七十八部，七千零四十六卷。根據現存的翻譯經典而論，汰其僞託，刪除重複，亦有五千卷內外，這實在是中國文化史上一絕大事業。這一事業之大部分，十分之九的工作，全在上述五百年間。若論中國僧人自己撰述，在此時期內亦至少有三四百種之多。

我們若論社會秩序與政治制度，魏晉南北朝一段，誠然可說是中國史上一個中衰期。若論學術思想方面之勇猛精進，與創闢新天地的精神，這一時期，非但較之西漢不見遜色，而且猶有過之。那時一般高僧們的人格與精力，眼光與胸襟，較之兩漢儒生，實在超出遠甚。我們純從文化史的立場來看魏晉南北朝時代，中國文化演進依然有活力，依然在向前，並沒有中衰。

上面屢經說過，中國人的文化觀念，是深於民族觀念的，換言之，即是文化界線深於民族界線的。但這並不是說中國人對於自己文化自高自大，對外來文化深閉固拒。中國文化雖則由其獨立創造，其四圍雖則没有可以為他借鏡或取法的相等文化供作參考，但中國人傳統的文化觀念，終是極為宏闊而適於世界性的，不局促於一民族或一國家。換言之，民族界線或國家疆域，妨害或阻隔不住中國人傳統文化觀念一種宏通的世界意味。我們只看當時中國人對於印度佛教那種公開而懇切，謙虛而清明的態度，及其對於異國僧人之敬禮，以及西行求法之真忱，便可為我上述做一絕好證明。

惟其如此，我們甚至可以說，兩晉、南北朝時代的高僧，若論其內心精神，我們不妨逕叫他們是一種「變相的新儒家」。他們研尋佛法，無非是想把他來代替儒家，做人生最高真理之指導。他們還是宗教的意味淺，而教育的意味深。個人出世的要求淡，而為大衆救濟的要求濃。因此在東漢末年及三國時代，佛教尚不失其一種宗教的面目而流傳在社會下層的，一到兩晉以後，佛教便轉成一種純真理探求與純學術思辨的新姿態而出現。此後印度佛教便在中國文化園地上生根結果，完全成爲一種中國化的佛教，在中國開創了許多印度原來沒有的新宗派。

其中如天台宗，創自隋代高僧智顗（西元五三八至五九七年），這是中國人前無所受而自創一宗的開始。又如隋唐之際的華嚴宗，此亦中國自創。他們兩宗所講，如天台宗所謂「即空、即假、即中，三諦圓融」，華嚴宗所謂「理事無礙，事事無礙，一即一切，一切即一」等，這些理論，都已把中國人傳統觀念所看重的現實人生，融入了佛教教義，這些全都是中國化的佛教了。

同時禪宗興起，佛教教理更是中國化，中國人更把佛教教理完全應用到實際人生的倫常日用方面來，再不是印度原來的佛教了。

那時在印度，佛教已衰歇，婆羅門教已復盛，而在中國佛教乃成爲中國文化大流裏一支流，全身渾化在大流中而失其獨立的存在。

七

在此更有一點值得我們特別注意，那時佛教思想雖極盛行，但無論南北雙方，社會上對於中國傳統「家族組織」以及「家庭禮教」，卻一樣的嚴格保守，沒有絲毫搖動。尤其是北朝，大家庭制到處盛行，有三世四世同居共財的，亦有五世六世乃至九世同居的。一家男女百口二百口，史稱其「兒無常父，衣無常主」，這種大家族共產制度，正與佛教出家修行同時並盛。在南方雖則貴族家庭盛行小家庭制，然家庭禮法，一樣看重，而庶人社會亦有大家族同居共財之風。頗有許多學者，同時精研佛理與儒家的家庭禮法。尤如南齊張融，他病卒遺令入殮，左手執孝經、老子、右手執小品法華經，這竟像後世所謂的「三教合一」了。

「佛法」與「孝道」，本是兩種正相背馳的精神，而能同時存在。佛教教理主張「無我」乃至於「無生」，但中國傳統家庭精神，正著重在「由小我來認取生命之緜延」，中國家庭是父子重於夫婦的。夫婦的結合尚是「人爲」，父子則屬「天倫」。只有從父子觀念上，纔可看出生命之緜延，纔可把人生融化入大自然。因此夫婦組合的家庭，多少尚是平面的、自由的、友誼的、可分可合的、還可以個人主義爲中心的。只有父子組合的家庭，始是直線的、天然的、不可分割的、超乎個人而沒入於人類生命大流中。

佛教出家思想，多半側重個人方面立論；中國傳統家庭精神，早已是超個人的。所以佛教出世思想，搖撼不動中國家庭的根本精神。而且父子相傳，生命永久緜延，亦與佛家個體輪迴的說法各走一邊，不相融洽。這讓我們正可想像到當時中國人的內心境界，一面對於外來佛法新教義雖屬饑渴追尋，誠心探究；一面對於前代儒家舊禮教還是同樣的懇摯愛護，篤信不渝。這裏面固然也有一些由於當時門第勢力等外在的因緣，但到底這一種似相衝突而終極融和的廣大寬平的胸襟，及其靜深圓密的態度，是值得我們欽佩的。

就此一點，便大可使我們預先料到，只要一旦機緣成熟，勢必有一番調和完整的新境界之出現，這便是隋唐以下的社會。

因此在中國史上，我們可以說，他既沒有不可泯滅的民族界線，同時亦沒有不相容忍的宗教的戰爭。魏晉南北朝時代民族新分子之羼雜，只引起了中國社會秩序之新調整，宗教新信仰之傳入，只擴大了中國思想領域之新疆界。在中國文化史裏，只見有「吸收、融和、擴大」，不見有「分裂、鬭爭與消滅」。

第八章 文藝美術與個性伸展

一

中國史上經過魏晉南北朝一段中衰時期，接著又是隋唐復興之盛運，西元五八九至九〇六前後三個世紀，在這時期裏，經濟文物，較之秦漢時代，似乎尚有過之無不及。論其疆土，唐代極盛時，北逾大漠，南統安南，東北視漢稍狹，而西境較漢猶廣。那時的四夷君長，羣尊唐太宗爲「皇帝天可汗」，諸蕃渠帥死亡者，必由唐下詔冊立其後嗣，這儼然是當時的一個世界聯邦，而唐爲之宗主。唐人因於四邊設六都護府，以護理歸化諸異族。安東都護府在朝鮮，安西及北庭都護府在新疆，安南都護府在安南，安北都護府在科布多，雲中都護府在蒙古，可見唐代立國規模之宏闊。

論其政治，依然還是秦漢傳統規模，王室與政府分立，君權與相權互濟。那時的相權，劃分爲三機關執掌：

一、中書省，司發命之權。

二、門下省，司審覈之權。

三、尚書省，司執行之權。

但中書、門下兩省，依慣例常合署辦公，共同掌握發布命令之權。尚書省則綜綰全國行政事宜，下分吏、户、禮、兵、刑、工六部，每部各轄四司，共爲二十四司，成爲全國行政之總樞紐。此後宋、元、明、清四代的尚書省，大體沿襲唐制。這一個組織詳備的行政系統，實爲漢代所未有。

有名的唐六典，成書於唐玄宗開元二十三年，西元七三五年。周禮全書共分三百六十官，把全國政治、社會、經濟、教育、文化、武事，一切在一個理想的制度下支配職掌，這是中國戰國時代的一部「烏托邦」。他把極高玄的理想，在極繁密的制度中表達。這可說是中國民族對於控制人事能力、創造政治理想，具有一種極優越的天才之具體表現。此下如西漢末年之王莽，北周時代之蘇綽，皆多少依據周禮來做變法之張本。隋、唐政治制度，本沿北周而來，故唐制中，本來有不少依照著周禮書中規模的。即如尚書省六部，便沿周禮天、地、春、夏、秋、冬六官而來。但周禮到底是一部理想的書，只是先秦時代一個不知名的學者胸中的一個理想國的描寫，唐六典則大體根據當時事實，雖亦有幾許理想的成分羼雜，我們不妨認此書爲當時一部政府組織法典，或可說是一部成文的大憲章。唐代政治大體上依照此書之規定而推行，此後宋、元、明、清四代，並都遵奉此書爲行政圭臬。理想的周禮，實現爲具體的唐六典，這又是中國文化史上一絕大的成績。

其次如唐律，匯合先秦、兩漢以來，歷代法律菁華，爲中國法系成熟之結晶品，其法律全部之用意，重人品、重等級、重責任、論時際、論關係、去貪污、定主從、定等次、重賠償、重自首、避操縱，從整個法律精神中間，透露出中國傳統文化之甚深意義，不僅爲後來宋、元、明、清四代法律之藍本，而且順適行使於國外，東起日本、西達葱嶺，北方契丹、蒙古諸族，南方安南諸邦，全都是唐律廣被行使之地。

現在再論到唐代一般國民負擔，如賦稅與兵役等，似乎較漢代爲輕減。漢人三十稅一，稅額已極輕，但唐代更輕，實際只合四十稅一之數。唐代的「租庸調」制，沿接北周「均田」制度而來，全國農民均各計口授田，因有授田始有「租」，壯丁的力役爲「庸」，地方土產之貢獻爲「調」。庸、調與田租配合徵收。依理論，全國沒有一個無分田的農民，因此也不應該有一個農民負擔不起他應向國家繳納的租、庸、調。漢代只做到「輕徭薄賦」，唐代則進一步已做到「爲民制產」。先使每一國民有他普通水準以上的生活憑藉，再繼之以輕徭薄賦，國民經濟自然更易繁榮。漢人的眼光，常注意於裁抑兼併，如董仲舒主張限民名田，即限止每一國民最高額的土地私有量，直到王莽主張把田畝收歸國有皆是。唐代則進一層注意到田畝之平均分配，使下級農民皆有最低額之田畝，則上層豪強之兼併，自可不禁自絕。

對於商業方面，漢、唐政策亦相隨而不同。漢代對商人開始即採一種裁抑政策，唐代則頗採放任主義。故在漢武帝時，鹽、鐵由官家專營，不許商賣；而唐初，則不僅准許商營，而且還全不收稅。我們可以說，漢代的經濟政策，尤其是漢武帝時代，常偏在壓抑高層經濟，而對低層的則忽略了。唐代的經濟政策，尤其是唐初如太宗時代，則注意在培植低層經濟，而對高層的則較為寬大與自由。因此唐代社會富力，亦較漢代增高。

再論到兵役，漢代是「寓兵於農」的，全國壯丁皆須服兵役，這是通國皆兵的「兵農合一制」。唐代則「寓農於兵」，只是一種選農訓兵制。在國內挑定幾百個軍事區域，把那些區域以內的某些處農村特別武裝起來，使臨時負戰鬭，平時負保衛的責任，這叫做「府兵制」。全國大概有五六百府，最多時達七百餘府。全數只有四十萬軍隊。這些府兵，一樣由國家授給田畝，自已耕種，因此在國家可省養兵之費。只在農事外，由國家特設將領即折衝都尉施以長時期的軍事訓練。此制較漢制有幾個優點。

一、漢代一個國民受軍訓與軍役的時期，不出兩年，唐代府兵則常在軍訓中，因此其訓練易於更精熟。

二、漢代凡屬窮苦大眾皆須服兵役，唐代府兵則挑身家殷實者充之。當時分國民經濟為九等，府兵家產須在六等以上，即中上之家。下等人户不得充府兵，因此軍隊素質易於提高。

三、漢代全國軍力普遍平等，唐代則於需要處設軍區，更需要處得多設，不需要處得不設，較爲活動。

四、漢代全民皆兵，那時丞相的兒子，亦都在壯丁時期荷戈戍邊。唐制則大多數國民皆可避免兵役。依照中國人傳統和平觀念與其文化理論，要強迫全國人民都學習殺人打仗，究竟不是理想的好境界。現在雖不能完全達到人類全體和平，但大多數的民衆，則已可以畢生不見兵革了。

二

但在唐代更重要的一個進步，則爲當時新創設的一種「科舉制度」。中國政治在秦、漢以下，早已脱離了貴族政治與軍人政治的階段，全國官吏，由全國各地分區推選，這早已是一種平民政治了。不過漢代的選舉，雖説是鄉舉里選，其權實操之於地方長官，即太守，僅由地方長官採納鄉里輿論，而最後的決定權，還是在地方長官手裏。因此雖則全國政治人員均來自民間，而漸漸不免爲來自民間之一個較狹小的圈子裏，這樣便逐步在民間造成了一種特殊階級，此即東漢末年以下之所謂「門第」，我們現在則稱之謂「變相的新貴族」。待到三國魏晉，兵亂相尋，地方政治解體，選舉無法推行，乃有臨時創設的所謂「九品中正制」。這一制度，由各地方在中央政府服務的大官吏中，遴選一人爲「中正」，使其代表各本地方人之一般意見，把其鄉土人才分列爲上上、上中、上下、中上、中中、中下、下上、下中、下下九等，造爲簿册，上之政府。政府則根據此項簿册，以爲用人之標準。

此一制度，用意仍與漢代之鄉舉里選制相差不遠。只是漢代之察舉，由地方長官執行，而魏晉以下之九品中正，則爲中央官吏之兼差。彼等因在中央服務，自然更不易知道地方輿論之真情實況，而那時的門第勢力愈來愈盛，因此中正的九等表，終不免即以門第高下爲標準。如此則「九品中正」漸漸成爲門第勢力之護符。

直到隋唐，再將此制改進，成爲一種公開競選的考試制度。地方人士有志在政治上活動的，皆可向地方官吏親自報名應試。地方官即將此等應試人申送中央政府，由中央特派官吏加以一種特定的試驗。凡中第合選的人，即無異取得了一種做官從政的許可狀，將來可在政治界出身。其不中選的，則失卻政府任用的資格。如此一來，其中選權皆由公開的考試標準而決定，無論地方官或中央官，都不能再以私意上下其間。

漢代的察舉標準，大體不外兩項：

第一：是鄉里之輿論，大體以偏於「日常道德」方面者爲主。

其次：是在地方政府的「服務成績」，因漢制應選者必先爲吏，故此項亦居重要。

如此則漢代所得，自然偏於才德篤實之人才。魏晉以下的中正制度，一方面因與鄉里遠隔，不易採取真正的輿情；又因九品簿册，不限於服務爲吏的人，因此不注重其實際才能。如此則真實的「才」與「德」兩方面俱忽略了，只依照當時門第貴族盛行的莊老清談，即一種帶有哲學意味而超脫世俗的幽默談話，用作高下的標準。

唐代科舉，由中央公開考試，亦不注重鄉里輿情，但應考資格有「身家清白」一條，便把道德上消極的限制規定了。只要其人實有不道德的消極缺點，便可剝奪他的應考權。唐代考試，亦不限於做吏的人，則注重實際服務成績一端亦失去了。但唐代進士中第，依然要照實際的吏才成績遞次升遷，則此條亦可兼顧。

因此唐代的考試制度，實際所重，似乎只是一種「才智測驗」。只要其人道德上無嚴重的大毛病，而其聰明才智過人者，便讓他到實際政治界去服務，然後再依他的成績而升進，這是唐代科舉制度的用意所在。

唐代科舉，所重者專在一種文字的考驗。其先亦曾注重考驗其對於實際政治問題之理論方面，亦曾考驗其對於古代經籍之義解方面，但這兩種考驗，皆易陳腐落套，皆易鈔襲雷同，因此以後考試，遂專偏重於「詩賦」一項。一則詩賦命題可以層出無窮。杏花柳葉，酒樓旅店，凡天地間形形色色、事事物物皆可命題。二則詩賦以薄物短篇，又規定爲種種韻律上的限制，而應試者可以不即不離的將其胸襟抱負，理解趣味，運用古書成語及古史成典，婉轉曲折在毫不相干的題目下表達。無論國家大政事、人生大理論，一樣在風花雪月的吐屬中逗露宣洩。因此有才必兼有情，有學必兼有品。否則才儘高，學儘博，而情不深，品不潔的，依然不能成爲詩賦之上乘。唐代以詩賦取士，正符合於中國傳統文化一向注重的幾點，並非漫然的。

三

唐代科舉制度，同樣爲宋、元、明、清四代所傳襲，沿續達千年之久。這是建築中國近代政治的一塊中心大柱石，中國近代政治全在這制度上安頓。同時亦是近代中國文化機體一條大動脈。在此制度下，不斷刺激中國全國各地面，使之朝向同一文化目標而進趨。中國全國各地之優秀人才，繼續由此制度選拔到中央，政治上永遠新陳代謝，永遠維持一個文化性的平民精神，永遠向心凝結，維持著一個大一統的局面。

魏晉以下的門第新貴族，因科舉制度之出現，而漸漸地和平消失於無形。自宋以下，中國社會永遠平等，再沒有別一種新貴族之形成。最受全國各級社會尊視的，便是那輩應科舉的讀書人。

那輩讀書人大體上全都拔起於農村。因爲農村環境是最適於養育這一輩理想的才情兼茂、品學並秀的人才的。一到工商喧嚷的都市社會，便不是孵育那一種人才的好所在了，那些人由農村轉到政府，再由政府退歸農村。歷代的著名人物，在政治上成就了他們驚天動地的一番事業之後，往往平平澹澹退歸鄉村去，選擇一個山明水秀良田美樹的境地，卜宅終老，這在一方面自然亦是受他早年那種文藝薰陶的影響。即在城市住下的，也無形中把城市鄉村化了，把城市山林化了。退休的士大夫，必有一些小小的園林建築，帶著極濃重極生動的鄉村與山林的自然天趣，他們的弟姪兒孫，一個個要在這公開競選制度下來自己尋覓出路，自己掙扎地位，他們絲毫沾不到父兄祖上已獲的光輝。直要等到他們屢代書香，漸漸把一個最適合於孕育文藝天才的自然環境隔絕了，富貴塵俗，把他們的家庭逐漸腐化，而另幾個優秀天才的家庭又開始，從清新幽靜的鄉村裏平地拔起，來彌縫了那幾個破落舊家庭的罅隙。

中國是一個傳統農業文化的國家，憑藉這一個文藝競選的考試制度，把傳統文化種子始終保留在全國各地的農村，根柢盤互日深，枝葉發布日茂，使全國各地農村文化水準，永遠維持而又逐步向上。幾乎使無一農村無讀書聲；無一地方無歷史上的名人古蹟。農村永遠爲中國文化之醱酵地。不得不說多少是這一個制度之功效。

再從此滲透到中國人傳統的家族宗教「孝」，與鄉土倫理「忠」。若依近代術語說之，「孝」的觀念起於「血緣團體」，「忠」的觀念起於「地域團體」。中國人所謂「移孝作忠」，即是「由血緣團體中之道德觀念轉化而成地域團體中之道德觀念」。惟中國人又能將此兩觀念，巧妙而恰當地擴展，成爲一種「天下太平與世界大同」的基本道德觀念，以及自然哲學「天人合一」與和平信仰「善」的種種方面去。

我們只須認識到中國文化的整個意義，便不難見這一制度在近千年來中國史上所應有之地位。我們不妨說，在近代英美發育成長的一種公民競選制度，是一種偏重於「經濟性的個人主義」之表現。而中國隋唐以來的科舉制度，則爲一種偏重於「文化性的大羣主義」平民精神之表現。偏經濟性的比較適宜於工商競爭的社會，而偏文化性的則比較適宜於農業和平的社會。

四

現在讓我們把唐代社會，再回頭作一概括的瞻視。唐代的武力是震爍一時的，再不患外寇之侵凌了。唐代的政治也已上軌道，帶有傳統文化性的平民精神正在逐步上昇。唐代的社會經濟，也可說一時沒有問題了，一般的平民，各有他們水準以上的生活。唐代社會早已到了一個內在安富外觀尊榮的地位。試問那時的人生，再需要往那裏去？在這問題的解答下，正可指出中國文化前進之終極趨嚮，讓我此下再慢慢道來。

中國文化是一種傳統愛好和平的，這已在上文述過，因此中國人始終不肯向富强路上作漫無目的而又無所底止的追求。若論武力擴張，依照唐代國力，正可儘量向外伸展。但即在唐太宗時，一般觀念已對向外作戰表示懷疑與厭倦。中國人對國際，只願有一種和平防禦性的武裝。唐代雖武功赫奕，聲威遠播，但中國人的和平頭腦始終清醒。在唐代人的詩裏，歌詠著戰爭之殘暴與不人道的，真是到處皆是，舉不勝舉。中國人既不願在武力上盡量擴張，向外征服；同時又不願在財富上盡量積聚，無限爭奪。在唐代的社會情況下，無論國外國內貿易，均有掌握人間絕大財富權之機會與可能。但中國人對財產積聚，又始終抱一種不甚重視的態度，因此在當時一般生活水準雖普遍提高，但特殊的資產階級，過度的財富巨頭，則永不產生。

根據唐人小說，只見說：許多大食、波斯商人在中國境內經營財利積資鉅萬，但中國人似乎並不十分歆羨。詩歌文藝絕不歌頌財富，這是不需再說的。這不僅由於中國政治常採一種社會主義的經濟政策，不讓私人財力過分抬頭，亦由中國人一般心理，都不肯在這一方面奮鬭。否則儻使中國人大多數心理，羣向財富路子上去，則政府的幾條法令，到底亦防不住資本勢力之終於泛濫而橫決。因此唐代社會雖極一時之富强，但唐代人之內心趨嚮則殊不在富强上。只因憑藉了唐代當時這一點的富强基礎，而中國文化之終極趨嚮，在唐代社會裏不免要花葩怒放，漫爛空前的自由表白了。

我所說的中國傳統和平文化，決不是一種漫無目的，又漫無底止的富强追求，即所謂權力意志與向外征服；又不是一種醉生夢死，偷安姑息，無文化理想的雞豕生活；也不是消極悲觀，夢想天國，脱離現實的宗教生活。中國人理想中的和平文化，實是一種富有哲理的人生之享受。深言之，應説是富有哲理的人生體味。那一種深含哲理的人生「享受」與「體味」，在實際人生上的表達，最先是在政治社會一切制度方面，更進則在文學藝術一切創作方面。

中國文化在秦漢時代已完成其第一基礎，即政治社會方面一切人事制度之基礎。在隋唐時代則更進而完成其第二基礎，即文學藝術方面一切人文創造的基礎。這在孔子書裏特別提出的「仁」與「禮」之兩字，即包括了此一切。「仁」是人類内在共通之一般真情與善意，「禮」是人類相互間恰好的一種節限與文飾。政治社會上一切制度，便要把握此人類内在共通之真情，而建立於種種相互間恰好之節限與文飾上。文學與藝術亦在把握此人類内在共同之真情，而以恰好之節文表達之。全部人生都應在「把握此内在共同真情而以恰好之文節表達之」的上面努力。

中國人理想的和平文化，簡言之，大率如是。政治、社會種種制度，只不過爲和平人生做成一個共同的大間架。文學、藝術種種創造，才是和平人生個別而深一層的流露。政治、社會一切制度譬如一大家宅或大園林，文學、藝術是此房屋中之家具陳設，園林裏的花木布置。中國人的家屋與園林已在秦漢時代蓋造齊全，隋唐時代再在此家屋裏講究陳設，再在此園林裏布置花草。至於全部設計，則在先秦時代早已擬成一個草案了。

五

現在要開始敘述唐代文學藝術之發展，卻須搶先約略插說一段唐代「佛教之蛻變」。佛教來自印度，其本身帶有一種極濃重的厭世離俗的思想，尤其是初期的小乘佛教，更顯得如此。正值三國、兩晉中國大亂，人心皇皇一時無主，相率由道士、神仙、莊老玩世的不嚴肅態度下轉入佛教，悲天憫人，蘄求出世，這亦是一時的不得已。不久中國佛學界即由小乘轉進大乘，這已是由宗教出世的迷信，轉到宇宙人生最高原理之哲學的探求了。那時尚在東晉末葉，南北朝開始的時代。但佛教精神無論大乘、小乘，要之有他一番濃重的厭世離俗觀，這與中國傳統文化精神，到底有所不合。因此一到隋唐時代，世運更新，佛教思想亦追隨演變，而有中國化的佛教出現。最先是陳、隋之際開始的天台宗，他們根據人類心理，兼採道家傳統莊老哲學，而創生了一套新的精神修養與自我教育的實際方法，他們雖未脫佛教面目，但已不是小乘佛教之出世迷信，也不是大乘佛教之純粹的哲學思辨，也並不專在一切宗教的威儀戒律上努力。他們已偏重在現實人生之心理的調整上用工夫，這已走入了中國傳統文化要求人生藝術化的老路。再由天台轉入禪宗，那個趨勢更確定，更鮮明了。而且也更活潑更開展了。

唐代禪宗之盛行，其開始在武則天時代，那時唐代，一切文學藝術正在含葩待放，而禪宗卻如早春寒梅，一枝絶嬌艷的花朵，先在冰雪地中開出。禪宗的精神，完全要在現實人生之日常生活中認取，他們一片天機，自由自在，正是從宗教束縛中解放而重新回到現實人生來的第一聲。運水擔柴，莫非神通；嬉笑怒罵，全成妙道。中國此後文學藝術一切活潑自然空靈脱灑的境界，論其意趣理致，幾乎完全與禪宗的精神發生內在而很深微的關係。所以唐代的禪宗，是中國史上的一段「宗教革命」與「文藝復興」。那時中國文化，還是以北方中國黄河流域爲主體，但唐代禪宗諸祖師，你試一查考他們的履歷，幾乎十之八九是南方人，是在長江南岸的人。乃至在當時尚目爲文運未啟的閩、粤、嶺南人，也在禪宗中嶄然露頭角。

禪宗實際的開山祖師第六祖慧能（西歷六三八至七一三），他本是一北方人，而流落粤南，見稱爲南方「獦獠」的。當時的禪宗興起，實在是南方中國人一種新血液新生命，大量灌輸到一向以北方黄河流域爲主體的中國舊的傳統文化大流裏來的一番新波瀾新激動。單就宗教立場來看，也已是一番驚天動地的大革命，從此悲觀厭世的印度佛教，一變而爲中國的一片天機，活潑自在，全部的日常生活一轉眼間，均已「天堂化」、「佛國化」。其實這不啻是印度佛教之根本取消。但在中國社會上，在中國歷史上，如此的大激動、大轉變，卻很輕鬆很和平的完成了。只在山門裏幾度瞬目揚眉，便把這一大事自在完成。我們若把這一番經過，來與西方耶教的宗教革命作一個比擬。他們是流血殘殺，外面的爭持勝過了內面的轉變。我們則談笑出之，內裏的翻新勝過了外面的爭持。這豈不已是中國文化最高目的之人生藝術化一個已有成績的當前好例嗎？

從唐代有禪宗新佛教之創始，一面是佛教思想內部起革命，直影響到宋儒道學運動，把中國思想界的領導權，再從佛教完全轉移到儒家的手裏來。這一層都屬思想史上的問題，此處不擬詳述。另一面是中國社會之日常人生，再由宗教廟宇裏的厭世絕俗，嚴肅枯槁，再回到日常生活自然活潑的天趣中來，這便闢開了文學、藝術一條新道路，當在下面逐次序述。

六

文學、藝術在中國文化史上，發源甚早，但到唐代，有他發展的兩大趨勢：

一、由貴族階級轉移到平民社會。

二、由宗教方面轉移到日常人生。

大體說來，宗教勢力本易與貴族特權結不解緣，只要社會上封建貴族的特權勢力取消，宗教的號召與信仰，亦將相隨鬆懈。古代中國的宗教勢力，已隨春秋、戰國時代封建貴族之崩潰而失其存在。東漢以下，新的門第產生，變相的封建貴族復活，印度佛教適亦乘時東來。隋唐以下，科舉制興，門第衰落，佛教勢力亦漸次走上衰頹的路。因此唐代的文學、藝術，遂很顯著的有此從貴族到平民、從宗教到日常人生的兩大趨勢，亦是相隨於當時的歷史大流而自然應有的。

現在先說文學，中國古代文學，必溯源於詩經三百首。但那時還在封建貴族時代，雖則三百首詩經裏，有不少平民社會的作品，但到底那三百首詩是由政府收集而流行在貴族社會的，不好算他是純粹的平民文學。戰國時代的楚辭，亦似由平民社會開始，但到底還發育成長在貴族階級的手裏。漢代的「辭賦」，沿襲楚辭而來，大體上還流行在宮廷王侯間，成爲一種寓有供奉上層貴族消遣性的文學。那時的「樂府歌辭」，亦還和古代詩經一般由民間採上政府，同樣不脫上層階級之操持。但到「五言詩」逐漸發展，純粹平民性的文學亦逐漸抬頭。一到魏晉、南朝，五言歌詩更盛行了，那時是古代的貴族文學逐漸消失，後代的平民文學逐漸長成的轉變時代。但魏、晉、南朝的詩人，多半出身於門第新貴族中，還不能算純粹的平民文學。中國文學史上純粹平民文學之大興，自然要從唐代開始，那是與政治、社會一應文化大流的趨勢符合的。唐代詩人之多，詩學之盛，真可說是超前絕後。清代編集的全唐詩九百卷，凡詩四萬八千九百餘首，作者二千二百餘人，可以想見其一斑。唐詩之最要精神，在其完全以平民風格而出現，以平民的作家，而歌唱著平民日常生活下之種種情調與種種境界。縱涉及政府與宮廷的，亦全以平民意態出之。那五萬首的唐詩，便是三百年唐代平民社會全部生活之寫照。唐代文學始普及全社會全人生，再不爲上層貴族階級所獨有。

中國文學，除卻詩歌以外，便要輪到散文。先秦諸子如論語、孟子、莊子、老子等，後世所稱爲「諸子」的，莫非中國極精美的散文作品，但這是一種哲理的論著。其次如史書，在中國發達最早最完備，如古代之尚書，先秦以前的左傳，與西漢時代的史記等，亦爲中國散文家不祧之鼻祖，但這些到底是史傳，不稱純文學作品。其他如戰國時代策士之游説辭，以及兩漢時代政治上有名的奏疏等，雖亦多精美的結構，但依然是屬於政治上的應用文件，亦非純文學作品。若要説到平民作家之散文，用來歌詠日常生活的那一種純文學性的散文，我們不妨稱之爲「詩意的散文」，或竟可稱之爲「散文詩」或「無韻詩」的，那已開始發展在魏晉之際了。這亦和詩歌一樣，要到唐代始爲極盛。清人編集全唐文一千卷凡文一萬八千四百八十八篇，作者三千零四十二人，中間雖夾有不少非純文學的作品，但我們説歌詠平民社會人生日常的散體文，要到唐代始爲發展成熟，這亦無可懷疑的。

古代的文學，是應用於貴族社會的多些，而宗教方面者次之。古代的藝術，則應用於宗教方面者多些，而貴族社會次之。但一到唐代全都變了，文學、藝術全都以應用於平民社會的日常人生爲主題。這自然是中國文化史上一個顯著的大進步。

現在説到藝術，中國藝術中最獨特而重要的，厥爲「書法」。書法成爲一種藝術，亦在魏晉時代。一到南北朝時代，黃河流域與長江流域南、北雙方的書法，顯有不同。南方擅長「帖書」，大體以「行草」爲主，是用毛筆書寫在紙或絹上的，這算是一種比較新興的風氣。北方則擅長「碑書」，大體尚帶古代「隸書」的傳統，是把字刻在石上的，是一種較老的傳統。大抵南方的帖書，更普通的是當時人相互往來的書信，這已是平民社會日常人生的風味了。北方碑書，則多用於名山勝地佛道大寺院所在，或名臣貴族死後誌銘之用，或埋在墓中，或立在墓道上。這還是以貴族社會與宗教意味的分數爲多。一到唐代，南帖、北碑漸漸合流，但南方的風格，平民社會日常人生的氣味，到底佔了優勢。從唐以後，字學書品遂爲中國平民藝術一大宗。而帖書佔了上風，碑法幾乎失傳。南派盛行，北派衰落。這雖指書法一項而論，但大可代表中國一切藝術演進之趨勢。

中國藝術，書法以外便推「畫」。中國繪畫發達甚早，但據古書記載，秦漢時代的繪畫大體還以壁畫與刻石爲主，那些都應用在宮殿廟宇墳墓，依然是在貴族和宗教的兩個圈子內。繪畫大興，亦要到魏晉以後，那時用紙和絹作畫之風開始盛行。南北朝時代，畫風與書法一樣，同有南北之別。大抵無論書畫，南方是代表新興的平民社會與日常人生的風度，北方則代表傳統的貴族與宗教的氣味。而繪畫尤以在南方者爲盛，北方視之遠遜。一到唐代，雖亦有南北合流之象，但如書法一般，唐人風氣也還以南方作風爲正宗。一樣是平民意味與日常風格漸占上風，而貴族與宗教的色彩則日見淡薄。因此仙、釋、人物畫漸轉而爲山水、花鳥，壁畫與石刻漸轉而爲紙幅尺素，在平民社會日常起居的堂屋與書房中懸掛起來。這是一個很顯明的轉變。

我們只要一看書法、繪畫兩項，在南北朝到隋唐一段如此般的轉變，便可看出中國人的藝術，如何從貴族與宗教方面逐步過渡到平民社會與日常人生方面來的一大趨勢。再把這一情形與文學方面的演變相聯合，再旁推到佛教史上禪宗的創立，便知中國文化史上平民社會日常人生之活潑與充實，實在是隋唐時代一大特徵，這自然是中國文化史上應有的進嚮中一重要的階程。

七

詩、文、字、畫四項，全要到唐代，纔完全成其爲平民社會和日常人生的文學和藝術。而唐人對此四項的造詣，亦都登峯造極，使後代人有望塵莫及之想。

舉要言之，詩人如杜甫（西元七一二至七七〇），文人如韓愈（西元七六八至八二四），畫家如顏真卿（西元七〇九至七八四），畫家如吳道玄（玄宗時生，卒年未詳），這些全是後世文學藝術界公認爲最高第一流超前絕後不可復及的標準。這幾人全在第八世紀裏出現，只韓愈稍晚，下及第九世紀的初期。在西元七五〇年左右，第八世紀恰過一半的時候，正是唐代社會經濟文物發展到最旺盛最富足的時期。此下即接著大騷亂驟起。在那時期，社會人生精力，可謂蘊蓄充盈，而人類內心又不斷受到一種深微的刺激，這真是理想上文學藝術醞酵成熟的大時期。

無怪那時的禪宗要搶先在宗教氛圍裏突圍而出。禪宗便是由宗教回復到人生的大呼號，由是一切文學藝術，如風起雲湧，不可抑勒，而終成爲一個平民社會日常人生之大充實。

我們要想瞭解中國文化之終極趨嚮，要想欣賞中國人對人生之終極要求，不得不先認識中國文學藝術之特性與其内在之精意。要想認識中國人之文學與藝術，唐代是一個發展成熟之最高點。必先了解唐人，然後瞻前矚後，可以竟體瞭然。漢代人對於政治、社會的種種計畫，唐代人對於文學、藝術的種種趣味，這實在是中國文化史上之兩大骨幹，後代的中國，全在這兩大骨幹上支撐。

政治、社會的體制，安定了人生的共通部分。文學、藝術的陶寫，滿足了人生的獨特部分。中國後代人常以漢、唐並稱，這亦是一個主要的意義。

第九章　宗教再澄清民族再融合與社會文化之再普及與再深入

一

歷史上的劃分時期，本來没有確切標準，並亦很難恰當。我們若把中國文化演進，勉强替他劃分時期，則先秦以上可說是第一期，秦漢、隋唐是第二期，以下宋、元、明、清四代，是第三期。第一二兩期的大概，都已在上面述說過。宋、元、明、清四代約略一千年，這可說是中國的近代史，比較上又自成一個段落。若把國力强旺的一點來論，這一期較之漢唐時代稍見遜色。宋代始終未能統一，遼、金兩族，先後割據中國的東北部乃至整個的黃河流域，西夏又在西北部崛强負嵎，安南乃至雲南的一部分，也各自分國獨立了。元代雖說武功赫奕，然這是蒙古人民的奇蹟，並非中國傳統文化裏應有之一節目。只有西元一三六八至一六四三明代三百年，那時疆域展擴，和漢唐差不多，而海上勢力，還超過漢唐之上。最後清代，他是中國東北吉林省長白山外一個名叫滿洲的小部族，乘機竊據遼河流域，又乘中國内亂，顛覆明室，始終形成一個部族狹義的私政權，緜延了兩百四十年之久。這在中國史上，以漢族爲文化正統的眼光看來，同樣是一個變局。因此我們說，這一千年來的近代中國，在其國力方面，大體上是比漢唐遜色了。這亦有幾層理由。

第一：中國民族本來是一個趨嚮和平的民族，這已在上面幾章屢屢陳述過。秦漢時代依照中國傳統和平文化之目標，創建了統一政治與平等社會各方面的大規模，但到底去古未遠，古代封建貴族的剩餘勢力，依然存在。東漢以下便有門第新貴族之產生。這一種門第新貴族，直要到中唐以後始絡續消失。若照中國傳統文化理想言，此等封建貴族特權勢力，固屬要不得。但就社會的戰鬬性而言，則此等勢力，實際上無異於是一個個小的戰鬬團體，他在整個社會裏，無形中，可以增强他的戰鬬性。古代西方如希臘城市國家，以及羅馬帝國，都由幾個小組織中心放射出力量來。近代的歐洲社會，開始脫離封建貴族之特權勢力，便走上資本主義的控制下，也始終有他小組織的中心勢力存在。再由此種勢力向外放射，所以西方社會始終有他的力量與戰鬬性。中國魏晉南北朝時代，北方社會所以能保守其傳統文化以與胡人抗衡的，也便有賴於此。西漢則古代封建力量尚未消融淨盡，唐代則西晉、南北朝以來的門第勢力也還存在，所以漢唐二代社會武力仍有這些小組織的中心，做他內裏的骨子。一到中唐以下，中國社會完全走上他文化理想的境界了，封建貴族徹底消失，工商資本勢力亦不能抬頭，社會整個的在平鋪狀態下，和協而均衡，內部再沒有小組織特殊勢力之存在，再沒有一個個小的戰鬭集團之存在，因而整個社會之組織力與戰鬭性亦隨之降落，這是宋以下中國國力趨嚮衰弱之第一因。

第二：中國文化進向，就其外面形態論，有與西方顯相不同之一點。上面說過，西方國家是向外征服的，中國國家是向心凝結的。我們若把這一觀點轉移到整個文化趨嚮上，亦可得一相似的概念。西方文化是先由精華積聚的一小中心點慢慢向外散放的，中國文化則常由大處落墨，先擺布了一大局面，再逐步融凝固結，向內裏充實。這自然是城市商業文化與大陸農業文化之不同點。先秦儒家天下太平世界大同的大理想，可說已爲中國和平文化先擺下一個最大的局面，待到秦漢時代文治政府開始創建，平等社會開始成立，這是第一步的充實。隋唐時代，平民社會日常人生的文學藝術逐步發展，這是第二步的充實。秦漢時代的注意力，比較還偏在人生共通方面，一到隋唐以下，一般興趣，不免轉換到人生的獨特方面去。若是真個天下太平，世界大同，人生共通的間架建築得很完固，我們在此下各自向個性的獨特方面發展，體味理想的人生，享受理想的現實，豈不甚妙。但唐以下的中國環境，實際上並未到此，他還在列國分爭時代，而天下太平世界大同以後的那些文學藝術的優美境界，早已由唐人抉奧啟祕，把他開示給現世界了。宋以下的中國人，大體上憧憬於這種理想的人生之享受與體會，常誤認爲中國早已是一個「天下」，早已是一個「世界」，卻不免忽略了對於國外的情勢，忽略了對於非理想的人生之奮鬭與擺脫，這是近代中國國力衰弱的第二因。

即就宋儒思想來說，他們雖說要修身、齊家、治國、平天下，一貫用力，一貫做工，但到底他們的精神偏重在「修齊」方面的更勝過於「治平」方面。他們的人生理論，認爲日常人生即可到達神聖境界，這是他們從禪宗思想轉手而來的。因此他們依然不免過分看重平民社會的日常人生方面，雖則要想回復先秦儒家精神，但終不免損減了他們對大全體整個總局面之努力，與强力的向前要求之興趣。

第三：中國的西北和東北，不僅是中國國防地理上必要的屏障，亦是中國國防經濟上必要的富源。精良的馬匹，豐足的鐵礦，全部產生在那裏。宋代一開始，東北、西北便爲遼、夏分據，因此其整個國力始終難於健全。而且中國自宋以下的社會，是偏向於愛好文學與藝術的。因此在自然形勢上，中國近代社會不斷的向長江流域以及東南沿海一帶發展，北方高原大陸，逐漸被忽略，被遺棄，遠不如漢唐時代之健旺與活潑了。這又是中國近代國力趨向衰弱之第三因。

若論政治制度方面，宋、元、明、清四代，依舊遵照漢唐舊規模。惟因最先激於唐代末年之軍閥割據，而開始厲行中央集權。又因元、清兩代均以部族政權的私意識來霸持，因此在中央集權之上還加上一種「君權日漲、相權日消」的傾向，這兩層都是近千年來的中國政治所不如漢唐的。

但是一千年來的中國文化，除卻上述，還有許多值得提出，引起我們注意的。現在分別敘述之如次：

二

這一千年來在中國文化史上，值得大書特書的第一事，厥為「宗教思想之再澄清」。中國的文化建設，在先秦以前，早已超越了宗教的需要，中國人早已創建了一種現實世界平民社會日常人生合理的自本自性的教義，更不需要再有信仰上帝或諸神的宗教。這是先秦時代的功績。秦漢時代便本著這一種教義來創建理想的政治和社會。一到東漢末年，政治腐敗，社會騷亂，現實人生失望，遂歡迎印度之佛教傳入，同時又有模擬佛教的道教產生，這已全在上面幾章裏敘述過。待到隋唐復興，政治、社會重上軌道，中國人傳統現實人生之理想，再度活躍，則消極出世的宗教思想自然失卻需要，不再做人生嚮往之指導者。因此一到隋唐時代，佛、道兩教便不免要走上衰運，或轉變方向，這是易於瞭解，無煩詳論的。

但這裏另有一問題，隋唐以下宋、元、明、清一千年來的近代中國，有些時候其衰亂情況，更甚於隋唐之前，但何以此千年來的宗教勢力，卻永遠不再抬頭，永不能再如魏晉南北朝時代的風靡日照？只如金、元時代黃河流域的全真教，雖亦一時獲得社會上羣衆的歸附，但到底沒有把握到學術思想上的領導權。斷不能和魏晉南北朝時代的佛教相擬。這裏自然另有一些原因，值得我們敍述。

原來佛教思想傳入中國，早已逐步的中國化了。尤其是晚起的禪宗。他們的理論，主張「自性自修，自性迷即衆生，自性悟即是佛」。又說：「萬法盡在自心，從自心中頓見真如本性。」他們常勸人在家修行，見取自性，直成佛道。實在他們已完全脫落了宗教的蹊徑，一切歸依自性，尚何宗教可言。「識心見性，自成佛道」，便何異儒家「盡心知性，盡性知天」的理論。禪宗只把儒家的「天」字「聖」字換成「佛」字，其他完全一樣要從自心自性上認取。因此一到禪宗思想出世，各人都回頭到自己心性上來，不再有所謂西方佛法要向外追求。那時的佛教精神，早已爲平民社會日常人生所融化。所以說：「無明即真如，煩惱即菩提，輪迴即涅槃。」這無異於說：「一切塵世俗界，即是佛土天堂了。」

但這裏究竟還有一層隔膜，因爲禪宗在理論上雖則全部中國化了，但他們到底是一種在寺院裏發展成熟的思想，無意中脫不淨嚮慕個人的獨善與出世。直要到宋代新儒家興起，再從禪宗思想轉進一步，要從內心自身自性中認取修身、齊家、治國、平天下的大本原，如是始算完全再回到先秦儒家思想的老根基，這裏也幾乎經歷了一千年的時期。在此一千年內，中國人不僅將印度佛教思想全部移植過來，而且又能把他徹底消化，變爲己有，因此在以後的中國，佛教思想便永遠不再成爲指導人生的南針。社會上雖還到處有寺院與僧侶，但這已成爲慈善與救濟事業之一部分，一面養育著許多孤苦無靠的人們，一面讓他們管領山林風景，作爲社會一種公共建設，附以許多富於文學與藝術性之游賞的方便，一面自然還是禪宗盛行，不斷有許多高僧，藉著佛寺作爲他們一種特殊的人生哲學之研究所與實驗室。他們與那時盛行的新儒家思想，還是息息相通，但他們只成了旁枝而非本幹。若認爲宋以後的中國還是一個佛教世界，這是不能認識中國真象的錯覺。

這裏還有一層關係，只因魏晉南北朝時代，一方面是儒家思想衰微了，另一方面是門第的新貴族崛起。知識與學問操在那些新貴族手裏，一般平民，無法獲得教育與知識，僧侶和寺院遂得乘此掌握到指導人民的大權。一到宋代以下，中國社會上再沒有貴族存在了。新的平民學者再起，這即是宋代的新儒家，他們到處講學，書院林立，儒家思想恢復了他的平民精神，他遂重新掌握到人生大道的領導權，寺院僧侶自然要退處一隅。

而且這裏還有一層關係。唐宋以下文學藝術的發展，他們都有代替宗教之功能。中國文學有與西方絕不同之一點，西方文學在比較上是以戲曲與小說爲大宗的，他們側重在人生具體的描寫，無論是浪漫派或寫實派均然。他們對人生或賦以熱烈的想望，或加以深刻的諷刺，他們常使讀者對現實人生激起不滿，因此有人說，西方文學是站在人生前面的，他常領導著人生使之更往前趨。中國則不然，中國文學比較上以詩歌散文做中心。那些詩歌散文，都不喜作人生的具體描寫，他們只是些輕靈的抒情小品，平澹寧靜，偏重對於失意人生作一種同情之慰藉，或則是一種恬適的和平人生之體味與歌頌。大體上在中國文學裏，是「解脫性」多於「執著性」的。他是一種超現實的更寬大更和平的境界之憧憬。因此我們可以說，中國文學好像是站在人生後面的，他常使讀者獲得一種清涼靜退的意味。他並不在鞭策或鼓舞人向前，他只隨在人後面，時時來加以一種安慰或解放。因此中國文學常是和平生活之欣賞者，乃至失意生活之共鳴者。中國文學家常說：「詩窮而後工」，又說：「懽虞之言難作」，他們只對人生消極方面予人慰藉，不對人生積極方面有所鼓動。他們似乎缺少熱拉拉的情緒，但可以使人在現實狀況下解脫出來，覺得心神舒泰。西方的戲曲和小說，多半取材於都市，爲商業文化之產物。中國詩和散文則多半取材於鄉村與自然界，爲一種農業文化之代表。都市與人刺激，田園給人寧澹，這是很自然的趨勢。

中國藝術亦一樣具此意境。書法的微妙，純在意境上，純在氣息上，他絕不沾染到絲毫現實塵俗具體的事物方面，這是不煩詳說的了。玆且姑舉繪畫爲例。中國畫自唐、宋以下，他的大趨嚮亦在逃避現實，亦在對現實爲超脫與解放。他的著眼之點並不在外界事象或物體之具體就實的寫照，他只借著外界事物一些影象來抒寫自己胸中的另一番情味或境界。山水和花鳥是中國畫家最愛運用的題材，因爲與實際人生隔得遠，又自然，又生動，中國人理想中和平而恬澹的生活，便在此自然生動富有天趣的山水花鳥中寄託著。中國畫的外形，極單純，又極調和。人世間一切亂雜雜的衝突與悲劇一概洗淨了。唐、宋以下，中國社會每一家庭，稍識幾字的，在他的堂屋裏或書齋卧室裏，幾乎都有一兩幅紙絹裝裱的畫懸掛著，或立軸，或橫披，只要偶一眺矚，便使你悠然意遠。這些全是中國人心靈上的桃花源，亦可說是他們的一種天堂樂土。此乃中國心靈對於自然觀照之廣大深刻處。山水、草木、花鳥、魚蟲，一切有情非有情界，皆與吾廣大心靈相通，此即北宋新儒家所提倡「以萬物爲一體」的精神，而輕妙地在藝術中吐露呈現出來了。中國社會每逢亂雜，這些藝術品更易爲一般人所欣賞與寶愛。

宗教的功用，大部分是逃避現實，使人從現實小我中解放出來，而與人以更大的天地，藉此亦可作爲人生失意的安慰。這一方面，中國唐、宋以下的文學與藝術可謂已盡其能事。若論宗教方面對於人生積極的指示，在中國社會上本已有儒家思想完此職責。儒家教人孝、弟、忠、恕、愛、敬，教人修身、齊家、治國、平天下，一切向前，一切負責任，人生的義務性太重了，要你具備著一副知其不可而爲之的精神，義命所在，使你感到無所逃於天地之間，在中國人這種倫理觀念的後面，不得不有中國人這種文學與藝術與之相調劑。

中國的儒家教義是「剛性的」；中國的文學藝術則是「柔性的」。中國的儒家教義是「陽面的」；中國的文學藝術則是「陰面的」。中國人的理想人生，便在此儒家教義與文學藝術之一剛一柔，一陰一陽，互爲張弛下和平前進。西方的宗教，本來是一種陰面柔性的功能的，而中國唐、宋以下的社會到底不需要再有宗教，所有的宗教，均佔不到文化機構上的重要地位。因此中國社會上宗教信仰儘可自由，對於政治、風俗，都不致發生嚴重影響。自宋以下的社會，宗教思想之再澄清，實在不可不說是中國文化進展一絕大的成績。

三

其次，值得我們大書特書的第二事，便要算「民族之再融合」。

中國儒家思想，本來寓有極濃重的宗教精神的。他們抱著天下太平、世界大同的觀念，本想要融和全世界一切人類，來共同到達這一種理想的和平生活的境界的。他們對人類個別的教導，便是人類相互間的孝、弟、忠、恕、愛、敬，他們對人類社會共通間架之建立，便有他們修身、齊家、治國、平天下的大抱負。由人人的孝、弟、忠、恕、愛、敬，到達家齊、國治、天下平的時運，便是天下太平世界大同。中國儒家把「政治」和「宗教」兩種功能，融通一貫，因此不許有帝國主義之向外征服與不平等的民族界線。在中國人目光下，只有「教化」是向內向外的終極目標。

自宋以下的中國，不斷有異文化的外族入侵，中國人在武力抵抗失敗之餘，卻還是抱著此種教化主義之勇氣與熱忱，依然沿襲中國文化傳統精神，來繼續完成民族融和之大理想。其間最主要的，如契丹，如女真，如蒙古，如滿洲，其先全是在中國邊疆上尚未十分薰染透中國文化的小部族。他們憑藉武力，又乘中國內亂，或割據中國疆土之一部分，或全部侵入了中國，但最多耐不到三百年的時期，或則全部爲中國文化所同化，或則亦部分的消融在中國民族的大鑪裏，不再有他特殊的存在。其他如回族、藏族、苗族，也都或先或後的在朝向著民族融和的方向走去。

中國文化譬如是一個電氣鑪子，看不出什麼鮮紅熱烈的火燄，但挨近他的便要爲他那一股電力所融化。現在中國境內尚有蒙族、藏族等未經十分融化淨盡的民族界線，這是因爲天然的地理環境所限，一般日常生活太懸異之故。

最近的將來，中國新工業化完成，藉新的工業交通與新的工業製造，使邊疆生活與腹地生活日漸接近，則中國文化之同化力量，便可有驚人的新發展，民族融和無異的仍將爲中國文化前進一顯著的大標記。尤其如東北的朝鮮，西南的安南，漢、唐以來，向爲中國舊壤，與中國素來就鎔成一國，嗣後雖有時獨立，但他們在政治上還是與中國取得密切的聯繫，在文化上則全和中國爲一體，並沒有什麼區別。尤其在明代三百年間，朝鮮、安南和中國的國際關係，儼如長兄與弱弟般。他們用的是中國文字，讀的是中國書，採的是中國政制。只要地理上不是有遼遠的隔閡，或是濟之以近代的交通，那末民族融和也一定能很順利進行的。

其次我們還要提到日本，據王充論衡說，遠在西周初年，倭人與越裳氏早已相率入貢了，但無論如何，到東漢初年，漢、倭交通已成爲確切的史實。以下的倭人，便常受漢文化之薰陶與扶翼。直到南朝時代，中國佛教開始由朝鮮半島上的百濟國間接傳往，其他中國經書如論語、五經等，並及醫、卜、曆、算諸書，及一切工藝、技術，亦均在南朝時期大量移播。一到隋、唐時代，尤其是唐代，日本仰慕中國文化之熱潮，益爲高漲。前後遣唐使者及留學生與留學僧侶之派遣，盛況空前。唐代一切文物制度，均爲日本朝野所模倣。上自政治、宗教、經濟、制度、刑法諸項，下至文學、曆法、醫藥、美術、書法、繪畫、音樂、建築，一切工藝，風俗、禮制，幾乎無不自唐代學習移植。日本文化可說全部是中國的傳統，那時日本文化可說是中國文化本幹上一椏杈的嫩枝。日本在文化系統上只是中國的附庸。此下宋、元、明、清四代繼續著這個趨勢，日本僧侶不斷到中國來求法，中國高僧亦不斷往日本去傳法，那時中國的禪宗盛行，在日本亦同樣的盡力鼓吹禪宗。其他像中國書籍、印刷術、曆學、醫學、一切美術、工藝，仍是繼續不斷的東渡，日本文化不僅在中國誕生，並亦由中國繼續撫養長大。最近西洋文明雖已經打進了日本海岸，日本人也很快的接受了西洋文明，但在他的根柢深處，依然脫不了中國文化之潛勢力。

因此我們可以說，近千年來的中國人，在國內進行著「民族融和」，在國外則進行著「文化移殖」。只要在地理環境和交通條件允許之下，文化移殖便可很快轉換成民族融和的。中國人天下太平世界大同之理想，在此一千年內並未衰歇，依然步步進行著，這是中國文化史在此千年內值得大書特書的又一事。

四

第三：值得我們注意的，則爲「社會文化之再普及與再深入」。

上面已經說過，中國文化是先擺布成一大局面，要步步向裏充實的。在這一節裏，我們可以較詳細的爲之證明。

中國社會由唐以下，因於科舉制度之功效，而使貴族門第徹底消失，上面已經敘述過。同時亦因印刷術發明，書籍傳播方便，更使文化大流益易泛濫，滲透到社會的下層去，自東漢人蔡倫在西曆紀元二世紀初年發明造紙，避免了竹重絹貴，書籍傳鈔已見便利。至於雕版印書，究竟何時創始，現在尚難確定。根據兩唐文卷六百二十四，我們已知在西曆九世紀的初期，那時已有印版「時憲書」盛行於蜀中及淮南，由此再遍布全國。然其最先雕印書籍，似乎只限於此等流傳社會的小書及一些佛書等，直要到五代、宋初，雕版印書術才正式應用到古代經典上來。自此以下，書籍傳播日易日廣，文化益普及，社會階級益見消融。

又兼宋代新儒學崛興，他們講的是萬物一體之道，故說：「民吾同胞，物吾與也。」他們的工夫則從「存天理，去人欲」入手。他們的規模與節目，則爲古代大學篇中所舉的「格物、致知、誠意、正心、修身、齊家、治國、平天下」八項。他們大率都像范仲淹（西元九八九至一〇五二年）那樣，爲秀才時即以天下爲己任。他們都抱著「先天下之憂而憂，後天下之樂而樂」的胸襟。他們全都是具有清明的理智而兼附有宗教熱忱的書生。這一派儒學，從西曆十一世紀宋初開始，直到西曆十七世紀末明末清初始見衰替。前後有七百年的長時期，中國近代文化向社會下層之更深入與更普及，全由他們主持與發動。他們中間出過不少有名的學者，最爲後人敬重的，則如周敦頤（西元一〇一七至一〇八二年）、張載（西元一〇二〇至一〇七八年）、程顥（西元一〇三二至一〇八五年）、程頤（西元一〇三三至一〇八五年）兄弟、朱熹（西元一一三〇至一二〇〇年）、陸九淵（西元一一三九至一一九二年）王守仁（西元一四七二至一五二八年）等。

與這一派儒學相隨並盛的，則有「書院制度與講學風氣」。漢、唐兩代，國家的公立學校，規制頗爲詳備，學員亦極盛，只有魏晉南北朝時代，公立學校有名無實，嚴肅的講學風氣，掌握在佛教的寺院裏。宋、元、明、清四代的書院制度，則是一種私立學校而代替著佛寺嚴肅講學之風的。書院的開始，多在名山勝地，由社會私人捐資修築，最重要的是藏書堂，其次是學員之宿舍，每一書院，常供奉著某幾個前代名儒的神位與畫像，爲之年時舉行祠典，可見書院規模，本來是頗仿佛寺而產生的。稍後則幾於通都大邑均有書院。有的亦由政府大吏提倡成立，或由政府撥款維持，但書院教育的超政治而獨立的自由講學之風格，是始終保持的。在那時期裏，政府仍有公立學校，國立大學與地方州縣學均有，尤其如宋明兩代，常常採取私家書院規制，模倣改進。但從大體說來，一般教育權始終在書院方面，始終在私家講學的手裏。我們可以說，自宋以下一千年的中國，是平民學者私家講學的中國，教育權既不屬之政府官吏，亦不屬之宗教僧侶了。

說到講學的風氣，最先亦由佛寺傳來。宋明儒的講學，與兩漢儒家的傳經，可說全屬兩事。傳經是偏於學術意味的，講學則頗帶有宗教精神。因此宋明儒的講學風氣，循其所至，是一定要普及於社會之全階層的。自北宋二程以下，講學風氣愈播愈盛，直到明代王守仁門下，如浙中之王畿（西元一四八九至一五八二年），以及秦州之王艮（西元一四八三至一五四〇年），他們的講學幾乎全成了一種社會活動。同時又因他們號爲「新儒家」，講的多注重在現實人生與倫常日用，因此他們常常不免要牽涉到政治問題。如是則私家講學常要走上自由議政的路，而與政府相衝突。因此宋明兩代，亦屢有政府明令禁止書院講學與驅散學員等事，宋代的程頤、朱熹，都曾受過這一種排斥與壓迫。最顯著的如明代末年的東林黨，他們是一個學術集團，而同時被視爲一個政治集團，他們雖多半是在野的學者，但在政治上形成了絕大的聲勢。因此我們若不瞭解此七百年來新儒家之精神與其實際的活動，我們亦將無法瞭解近代中國文化動態之樞紐所在。

中國新儒家，以書院自由講學爲根據，一面代替宗教深入社會，一面主張清議上干政治，這已在上一節敘述過。而那時的新儒家更有一番重要的新貢獻，則爲對於「地方自治」之努力。唐以前的中國，貴族階級始終未獲完全消融，所謂地方事務，在中央政治力量所照顧不到處，則大體由貴族與門第的力量來支撐與領導。一到宋代，社會真成平等，再沒有貴族與大門第存在了。中國是一個大一統的國家，單靠一個中央政府與不到兩千個以上的地方行政單位，是管不了民間一切事的。「縣」是中國政府最下級的地方行政單位，但大縣便儼如一小國，從前每一縣必有幾國貴族豪家自領己事，等於助官爲理。宋後貴族豪家消失了，經濟上的大資本家並未產生，社會平鋪散漫，而文化益普及益深入。如是則地方行政事務似應更繁重，政治權力似應更伸張，但實際並不然。宋以後地方官廳的事務反而似乎更簡了，他們的政治權力反而似乎更縮了，這全是地方自治逐步進展的結果。那些地方自治，也可說全由新儒家精神爲之倡導與主持。

舉其要者，在經濟方面則有義莊、義塾、學田、社倉等。唐代計口授田的制度，到中晚唐以後便崩壞了，認田不認人的「兩稅制」開始，田畝重新走上兼併的路，那時便有所謂莊園與莊田。「義莊制」亦稱「義田制」，由宋代范仲淹創始，他把官俸所得，捐出大批莊田，用作族中恤貧濟困的公田。這一風俗，普遍盛行在中國各地，直到晚清末年，這是一個「農村共產制」之雛形與先聲。「義塾」是由私家捐款所立的平民學校，「學田」是以私款捐作學校基金，或獎助貧苦優秀子弟的學費的，「社倉」是農村在豐年時積穀以供凶荒的一種制度。漢代有「常平倉」，唐代有「義倉」，都由政府主辦，宋後的社倉，則由地方士紳自己處理。這一制度，由朱子之經營而得名。

其關於地方保衛方面，則有保甲制度。漢代之寓兵於農，即全農皆兵制，唐代之寓農於兵，即選農訓兵制，皆在上面敍述過。一到宋代，農兵制破壞，募兵制代興，農民終身不見兵革，農村再沒有武力自衛，這亦是宋後社會漸趨弱象之一因。宋有王安石（西元一〇二一至一〇八六年），他曾爲相，始創「保甲法」，再來提倡農村自衛。此雖由政府領導，但後來常成爲地方自治事業之一種，而且曾表現過不少煊赫的功績。如明代嘉靖、隆慶時戚繼光之禦倭寇，在西曆十六世紀中葉，清代嘉慶時傅鼐之治苗亂，在西曆十八世紀末年；咸同間曾國藩之平洪楊，在西曆十九世紀中葉。莫不以團練與鄉兵建績，他們用的都是保甲遺意。朱子的「社倉制」，並亦用保甲法來推行。

此外尚有「鄉約」，爲張載門下藍田呂氏兄弟所倡始，又經朱子爲之增訂條例，因其多由同宗族人團成，又專講人生道義，故爲帶有宗教與道德精神的一種鄉村約法。此後常有按時宣講鄉約的。王守仁門下大弟子之講學亦與鄉約合流。

以上所述，書院、學田制度等是關於文化事業的；社倉、義莊制度等是關於經濟事業的；保甲、團練制度等是關於警衛事業的。此類事務，皆由鄉村自治的約法精神與形式來舉辦。宋代以下的社會，因有此幾項事業，上面雖不經政治力量推動，下面雖沒有貴族與大資本家領導，一個形似平鋪散漫的社會，而一切有關地方利害的公共業務，卻得安穩衍進。

五

宋以下中國社會文化之再普及與再深入，不僅在儒學展開的一方面如此，即在文學、藝術方面，同樣可以見到。宋、明以來的詩歌散文，完全沿襲唐人，脫離了宗教與貴族性，而表現著一種平民社會日常人生的精神，並且更普遍更豐盛了。這一層在此不想再多說，這裏想說的，是文學方面的另外幾個發展。

第一件是「白話文學」之興起。中國文字一面控制著語言，一面又追隨語言而變動，這一層前面已約略敘述過，但到底語言與文字之間，終會有幾分隔閡的。爲要普及民間，求一般民衆之易知易曉起見，於是有白話文學之創興，白話文學由唐代禪宗「語錄」開始。禪宗六祖慧能，自己是一個未受正式教育的人，他的教義，全由他的信徒用口語體寫出，以後的禪師們便相率採用了白話語錄的體裁。直到宋代，二程門人開始也用白話口語體寫其教義，於是語錄體遂並行於儒、釋間。這是白話文學興起之一支。

在唐時又有一種「變文」，乃以詩歌與散文合組而成之通俗文，亦用口語體寫出。他們採取佛經中所講，或中國民間原有故事，敷陳演說，使之活潑生動。近代在敦煌石室中發見有大目犍連冥間救母變文，舜子至孝變文等。這一種文體演變到宋代，便成當時的所謂「平話」。這已是純粹的平民文學，完全脫離了宗教性的面目了。但平話體的出現，同時也可說是古代貴族文學轉移到平民文學之一徵。漢代的賦體，本亦重在敷陳演說，只是在宮廷中向皇帝貴族們作一種消遣玩賞娛樂的文學作品。宋代的平話，亦可說從宮廷貴族裏面解放到平民社會的一種新賦體，這是白話文學興起之又一支。此下由平話漸變而成章回體的「演義小說」，如元代施耐菴的水滸傳，便由大宋宣和遺事脫胎而來，明代吳承恩的西遊記，便由有詩有話的大唐三藏取經詩話脫胎而來，此外如明代之三國演義，清代之紅樓夢等，都成爲有名而普遍的社會讀物。由此演義小說遂成爲中國近千年來平民社會白話文學之又一大宗。

其次再要述及的，則爲宋元「戲曲」之盛行。戲曲在古代，起源亦甚早，詩經裏的「頌」，本屬一種樂舞，這便是古代的戲曲了。但此後經歷漢唐時代，戲曲一項極少演進，直到宋元，戲曲始盛。宋元戲曲有一特殊的要點，便是都帶著音樂與歌唱，無寧可以說，中國戲曲是即以音樂與歌唱爲主的，這亦是中國文學藝術一種特有的性格。

中國人對於人生體味，一向是愛好在空靈幽微的方面用心的。中國人不愛在人生的現實具體方面，過分刻劃，過分追求。因此中國文學大統，一向以「小品的抒情詩」爲主，史詩就不發達，散文地位便不如詩，小說地位又不如散文，戲曲的地位又不如小說。愈落在具體上，愈陷入現實境界，便愈離了中國人的文學標準。因此中國人的戲曲，到底要歌舞化，讓他好與具體的現實隔離。後代戲臺上的臉譜等，都是從這一意義而來。

因此我們敘述到宋元戲曲的開頭，應該是從「鼓子詞」和「搊彈詞」等演化而來的。鼓子詞、搊彈詞本身便是一種變文或平話，莫不有說有唱，而多半以唱爲主，由此再多加以表演的部分，便成爲戲曲了。因此我們又可以說，中國的戲曲，只是中國的詩歌與音樂之順應於通俗化而產生的。

在此我們應該旁述到一些中國的音樂。中國是一個愛好音樂的民族，在古代音樂已極發達，惟大體論之，中國古代音樂也多半偏在貴族與宗教方面使用的。即就樂器一項而論，如鐘、磬、琴、瑟之類，都是龐大而又安定，只適合於宗廟與宮殿之用。下到漢代，中國音樂頗受西域外來的影響，尤其在佛教傳入以後，但在魏晉南北朝時代，因社會動亂，音樂方面未得圓滿暢足之發展。唐代則突飛猛進，幾乎有成爲世界性的音樂之趨勢。但就大體言，還是以大管弦樂與大舞樂爲主體的大場面的音樂，運用於貴族與宗教方面者爲宜。一到宋代，大管弦樂及大舞樂皆形衰微，音樂規模日趨小型化，宜於平民社會室內之娛樂。即如鼓子詞、搊彈詞皆是以輕小簡單便於移動行走的樂器爲主了。搊彈詞所用的，只是一琵琶或三絃，由一人搊彈并念唱之。鼓子詞則只以一鼓作音節。此等皆極適於平民農村社會之情形。

由此，我們亦可證中國音樂演變，亦同樣有自貴族社會宗教場面轉移到平民社會日常人生方面之趨向。那時一般文人學士們本來全已是純粹平民社會的人物了，所以他們的眼光與興趣，亦不再在貴族門第與宗教方面，而全都轉移到平民社會的日常人生上來，因此他們才肯耗費心血，憑藉著民間簡單的樂器，來譜出他們絶精妙的詞曲，這便逐漸地進展而形成爲戲劇了。這又是當時新興的白話平民文學之第三支。

戲劇在宋、金時代已見流行，而到元代則登峯造極。當時尚有「南戲」「北劇」之分，而總稱則曰「元曲」。大抵北曲始於金而盛於元，南曲始於元而盛於明。北曲著名的，有如王實甫之西廂記，馬致遠之岳陽樓。南曲著名的，有如高則誠之琵琶記，施君美之拜月亭。當時記載元代人所撰雜劇，有五百四十九種之多。一到明代，又由雜劇轉成「傳奇」，那是由每四折的短劇演進成無限的長劇了。其間著名的則如湯顯祖的牡丹亭，阮大鋮的燕子箋，都在文學史上有相當價值的。尤其是在西曆十六世紀末十七世紀初明萬曆時代，起於江南崑山縣的南曲崑腔的勢力，幾於風靡南北。直到近代，南北曲的遺風餘韻，依然普遍全國各都市各農村，爲平民社會文藝欣賞之又一宗。

由上所說，中國從唐代的杜甫、韓愈演變到宋、元、明時代之關漢卿與施耐菴，豈不明白指示出中國文學在平民社會一種再普及與再深入之趨勢，這實在是中國近代文化史上值得注意的一件事。但我們不要誤會，以爲唐代杜甫、韓愈們的時代到宋、明已成死去，如枯枝朽葉般已經沒有他們的生氣。這裏所敘述的白話文學、小說、戲劇等之發展，尋其根脈，還是從唐代詩文杜甫、韓愈們繁衍伸展而來。當知一幹萬條，枝葉扶疏，詩文正宗則依然「不廢江河萬古流」。只在此處，我們沒有對他詳述之必要。

六

以上約略敘述了文學平民化之趨勢，我們要繼續說到美術方面。關於字、畫兩項，一如詩文般，沿著唐人開闢的路向繼續推進，繼續發展，此處也不擬多說。此下仍想另換一方向略說一些關於工藝美術的事，這又是一種平民的美術。一方面是全由平民創製的，另一方面也是由平民來享受的。

中國是一個農業文化的國家，國內國外的商業雖亦相當發達，但過量的資本，則在國家法令以及社會輿論之經常控制下不獲存在。因此工業方面，其演進路向，並不受商業資本偏重於牟利意味之指導，而大部分走上藝術審美的境界。因中國平民一般的聰明、精細、忍耐、與恬澹種種性格上的優點，在工藝方面之造就，便也十分透露出中國文化之內含精神，而這一方面之成功，尤其在唐、宋以下，更值得我們注意。

舉其著者如陶瓷業，如絲織與刺繡，如雕漆工，如玉工以及其他一切的美術工藝流傳在一般社會與日常人生融成一片的，在宋以後的中國文化上，實在放了一大異彩。他們雖說是人生日用的工藝品，其實在他們的後面，都包蘊著甚深的詩情畫意，甚深的道德教訓與文化精神。無論在色澤上、形製上，他們總是和平靜穆，協調均勻，尚含蓄不尚發露，尚自然不尚雕琢。

中國思想上所說的「天人合一」，應用到工藝美術方面，則變爲「心物合一」。人類的匠心，絕不肯損傷到外物所自有之內性，工藝只就外物自性上爲之釋回增美，這正有合於中庸上所說的「盡物性」。對於物性之一番磨礱光輝，其根本還須從自己「盡人性」上做起。物性與人性相悅而解，相得益彰，這是中國工藝美術界所懸爲一種共同的理想境界。因此中國人的工藝，定要不見斧鑿痕，因爲斧鑿痕是用人力損傷了物性的表記，這是中國人最懸爲厲戒的。

中國人又常說：「鬼斧神工」，又說：「天工人其代之。」明代的宋應星，嘗著了一部有名的專門講究製造工業方面的書，他的書名便叫天工開物，書成於西元一六三七崇禎十年。這裏所稱的「鬼斧神工」與「天工」諸語，都是不情願對外物多施人力的表示。這不是說中國人不願用人力，只是中國人不肯用人力來斲喪了自然。中國人只想用人的聰明智巧來幫助造化，卻不肯用來代替造化或說征服造化，因此中國人頗不喜機械，常贊「匠心」而斥「機心」。因爲機械似乎用人的智巧來驅遣物力使之欲罷不能，這並不是天趣，並不是物性。窒塞了天趣，斲喪了物性，反過來亦會損傷到人的自性的。這不是中國文化理想的境界。我們若能運用這一種眼光，來看中國民間的一切工藝美術品，便可看出他共同的哲學意味與內在精神。

中國人一方面極重自然，但另一方面又極重實用，中國人的人生理想是要把「實用」和「自然」調和起來，融成一片。因此中國的民間工藝，一方面完全像是美術品，莫不天趣活潑，生意盎然。但另一方面，他又完全是一種實用品，對於日常人生有其極親密極廣泛的應用。譬如絲織刺繡是屬於衣的，陶瓷器皿是屬於食的。現在想特別提出略加申說的，是屬於居住方面的園亭建築。上面說過，中國宋以下的民間藝術，只是文學、美術、詩、文、字、畫，一切文化生活向平民日常人生方面之再普及與再深入，因此民間工藝常與詩、文、字、畫有其顯著的聯繫。因此一隻盛飯的瓷碗，他可以寫上一首膾炙人口的風雅的唐詩，或是一幅山水人物畫，多半則是詩、畫皆全。一幅卧床的錦被，也可以繡上幾處栩栩欲活的花、草、蟲、魚，或再題上幾句寄託遙深的詩句。總之，中國宋以下的民間工藝是完全美術化了，平民社會的日常人生是完全沉浸在詩、文、字、畫的境界中了。在建築居住方面滿足此要求的便是園亭建築。

唐代詩人而兼畫家的王維（西元六九九至七五九），他是宋、元以下文人畫派始祖。人家說他詩中有畫，畫中有詩。他所住的輞川別業在今陝西藍田縣南，便是他詩畫的真本。王維又是耽於禪理的，他的詩句像「雨中山果落，燈下草蟲鳴」，這一類都想把一切有情無情，自然與人生全融成一片。這裏正可指出，中國人如何把佛教出世的情味，融化到日常人生而文學美術化了的一個例證。這一種境界，便全由中國的禪宗創始。所以這一種境界，中國人有時竟稱之爲「禪的境界」。王維的輞川別業，是要把他的日常起居和他詩畫的境界，乃至全部哲理人生的境界，融凝一致的。而王維正是一個禪味最深的人。中國唐以下佛寺禪院的建築，大半多選擇名山勝地，大半都像王維輞川別業般，有他們同樣的用意。但這裏到底還脱不淨貴族氣與宗教氣。待到宋以下的中國，宗教與貴族的人生境界全要日常平民化了，這是中國近代文化一大趨勢。

在建築方面表示最顯著的便是園亭，這是把自然界的山水風物，遷移到城市家宅中來了，好讓一般孝親敬長忠君愛國在現實人生中的人們，時時有親近自然的機會，隨時隨地得與花草蟲魚爲友，隨時得有山水風雲盪滌胸襟。只要家宅中有一畝半畝空地，便可堆山鑿池，喬木森林，蕭然有出世之意。我想只舉園亭建築，便可代表中國工藝美術之一般要求與一般意味了。

七

上述的諸種工藝，如陶瓷、絲織、雕刻、建築等，他的趨嚮於平民社會與日常人生，大體上都要到宋代始爲顯著。唐代的美術與工藝，尚多帶富貴氣，有誇耀奮張的局面，否則還不免粗氣，未臻精純。一到宋代才完全純淨素樸化了，而又同時精緻化了。因此我們可以說，中國的民間工藝實在是唐不如宋。一到宋代，遂更見中國文化向平民社會之更普及與更深入。

這一趨勢經歷到清朝，先後幾及一千年。中間發展最旺盛的有兩個時期，一是在明代的萬曆，當西曆十六、十七世紀之交；一則清代的乾隆，當西曆十八世紀之中晚。這是唐代開元天寶當西曆八世紀之前半以後，中國史上國力最豐隆最暢旺的兩時期，尤其以萬曆時期爲甚。

我們只要把玩到那些時期裏的每一民間工藝品，我們便可想像出那時中國人的一般生活，便可想像到中國文化之內在精神與其理想境界。我們若不瞭解中國人的文學美術與工藝，便無法瞭解宋以下之中國，便把握不住中國文化大流之所趨嚮及其意義。

第十章　中西接觸與文化更新

一

中國文化進展，根據上述，可分爲三階段。

第一：是先秦時代。

天下太平世界大同的基本理想，即在此期建立，而同時完成了民族融和與國家凝成的大規模，爲後來文化衍進之根據。

第二：是漢、唐時代。

在此期內，民主精神的文治政府，經濟平等的自由社會，次第實現，這是安放理想文化共通的大間架，栽培理想文化共通的大園地。

第三：是宋、元、明、清時代。

在此期內，個性伸展在不背融和大全的條件下盡量成熟了。文學、美術、工藝一切如春花怒放般光明暢茂。

若照中國文化的自然趨嚮，繼續向前，没有外力摧殘阻抑，他的前程是很鮮明的，他將不會有崇尚權力的獨裁與專制的政府；他將不會有資本主義的經濟上之畸形發展；他將没有民族界線與國際鬭爭；他將没有宗教信仰上不相容忍之衝突與現世厭倦；他將是一個現實人生之繼續擴大與終極融和。

但在這最近一千年來，其文化自身亦有不少弱徵暴露，這在前章裏已敘述過。正當他弱徵暴露的時候，卻遇到了一個純然新鮮的異文化，歐、美文化，挾持其精力瀰滿富强逼人的態勢突然來臨。這一個接觸，從明代末年西曆十六世紀開始，到今已逾四個半世紀了，越到後來，中國越覺得相形見絀。最近一百年內，中國表現得處處不如人。中國愈來愈窮，愈來愈弱，在此資本主義帝國主義侵略狂潮正值高漲的時代，幾乎無以自存。

中國一向是一個農業文化的國家，他一切以「安足」爲目的，現在他驟然遇見了西歐一個以「富强」爲目的之商業文化，相形見絀了。因西方的富强，推翻了我們自己的安足，中國文化要開始在不安足的環境中失敗而毀滅。如是中國人當前遇到了兩個問題。

第一：如何趕快學到歐美西方文化的富强力量，好把自己國家和民族的地位支撐住。

第二：如何學到了歐美西方文化的富强力量，而不把自己傳統文化以安足爲終極理想的農業文化之精神斲喪或戕伐了。換言之，即是如何再吸收融和西方文化，而使中國傳統文化更光大與更充實。

若第一問題不解決，中國的國家民族將根本不存在；若第二問題不解決，則中國國家民族雖得存在，而中國傳統文化則仍將失其存在。世界上關心中國文化的人，都將注意到這兩個問題。

二

讓我們從中西交通的歷史上先約略敘述起。

中國在世界上，是比較算得一個文化孤立的國家。但中國實不斷與其四鄰異族相交通相接觸。中國的對西交通，有西北的陸線與西南的海線兩條大路。尤其是漢、唐以下，中國那兩條路線之交通頻繁，是歷歷有史可徵的。而且中國人對外族異文化，常抱一種活潑廣大的興趣，常願接受而消化之，把外面的新材料，來營養自己的舊傳統。中國人常抱著一個「天人合一」的大理想，覺得外面一切異樣的新鮮的所見所值，都可融會協調，和凝爲一。這是中國文化精神最主要的一個特性。舉其最著的例，自然是東漢以下對於印度文明與佛教思想的那種態度，是值得我們讚佩與驚嘆的。那時中國自己傳統文化，至少已緜歷了三千年，在那時雖說政治動搖，社會衰亂，到底並未到文化破產的徵象，但那時的中國人，對印度佛教那種熱忱追求與虛心接納的心理，這全是一種純真理的渴慕，真可說絕無絲毫我見存在的。

此下到唐代，印度思想之流入，雖逐漸枯絶，但中國對其更西方的大食、波斯一帶的通商，卻大大繁盛起來。那時中國各地，幾乎全都有大食、波斯商人的足跡。只廣州一埠，在唐代末年，就有大食、波斯商人集團達十萬人之多。那時中國除卻佛教外，還有景教、祆教、摩尼教、回教等傳入，這些宗教雖在中國並不能如佛教般影響之大，但中國人對於外族宗教態度之開放，是很可注意的。

而且除卻宗教信仰以外，其他一切，如衣服、飲食、遊戲、禮俗，以及美術、工藝各方面，中國接受西方新花樣的，還是不可勝舉。因此我們可以說，中國不論在盛時如唐，或衰時如魏晉南北朝，對於外族異文化，不論精神方面如宗教信仰，或物質方面如美術工藝等，中國人的心胸是一樣開放而熱忱的。因此中國文化，雖則是一種孤立而自成的，但他對外來文化，還是不斷接觸到。中國人雖對自己傳統文化，十分自信與愛護，但對外來文化，又同時寬大肯接納。

中國人第一次接觸到西方文化是印度，第二次是波斯、阿剌伯，第三次始是歐洲。歐洲文化開始到東方來，那已在晚明時期了。中國人在南洋的文化勢力，是幾乎與有史時期俱來的。安南占城，秦時即隸象郡，這早在中國疆土以內了。真臘俗稱柬埔寨，至隋時始通中國。暹羅亦到隋時始通，緬甸則漢通西南夷時，已見於中國典籍了，那時稱之爲撣。爪哇在西元一三二年東漢陽嘉時通中國，蘇門答臘之三佛齊在南朝時代來貢，婆羅洲在西元六六九年唐初來貢，只爪哇一處，自西曆二世紀迄十五世紀，前後貢使，見於中國史乘的已有三十餘次。

大抵秦、漢到南朝，中國對南洋交通，早已極活躍了，唐、宋時代尤其旺盛，而更活躍的時期則在明代。當明成祖時，鄭和奉使海外，修造二千料大海船，明史稱修四十四丈，廣十八丈，據近人考訂，應該是長十六丈多，闊二丈多的船，共六十二艘，隨行將士二萬七千八百餘人。自此先後奉使達七次之多，所歷占城、爪哇、真臘、暹羅、滿剌加、蘇門答臘、錫蘭等凡三十餘國。其第三次出使，越過印度南境而抵波斯灣。其第四、第五次，並橫跨印度洋而達非洲東岸，那時尚在葡萄牙人甘馬發現好望角之前數十年。可見中國雖是一個傳統大陸農業文化的國家，他對海上活動，亦未嘗没有相當的興趣與能力。但因中國在上的政府，既無帝國主義向外侵略的野心，倘使有，亦常爲下面和平民衆所反對。在下的民衆，又没有畸形的資本勢力之推動，倘使有，亦常爲上面的主持經濟平衡主義的政府所抑制。因此中國的海上事業，在下只是些和平民衆小規模的商販活動，在上只是政府藉以表示中國文化遠播之一種光榮禮節而已。而那些南方熱帶的海島居民，他們的生活習慣到底與中國大陸農業相差過遠，因此中國文化急切也不獲在這些處生根結實。因此自秦以下直迄明代，幾乎兩千年的時期裏，中國與南洋的交通，雖永遠展開，但中國既不以武力佔領之，而文化傳播亦未達十分滿意之程度，只是彼此間常保一種親善的睦誼而止。但一到西洋勢力東漸，那些南洋島民的命運，便急劇惡化，而中國恰亦走上衰運，自然倭寇肆擾，對海事常抱戒心。當西元一六二三年利瑪竇初到中國之歲，那時明代萬曆盛運已過，政治社會一切動搖，此下恰恰二十年，便就亡國。滿洲入主，那時一輩士大夫，還有什麼心緒，能注意到西方的文化方面去呢？

滿清入關以後，中國學術全在不正常狀態下發展。那時一批第一流的學者，都抱著亡國之痛，對清政權不肯屈服，他們的行動，畢生都不自由，只有閉户埋頭，對中國傳統文化，作一番徹底從頭檢討的工作，他們自無心於旁騖。第二流以下的因應變局已感不易，更說不上什麼貢獻。清代自削平中國各地的叛變之後，又繼續興著好幾次文字大獄，把中國學者的內心自由精神，痛切膺懲，待到乾隆時代，那時正當西方十八世紀三十年代之後，直到十八世紀之末稍，中國社會亦算勉强地和平而繁榮了，一般學者，全都死心塌地，驅束到古經籍的校勘、訓詁方面去，不問世事。而那時的西方，正是近代文化開始上路突飛猛進的時候，只可惜中國人又如此地白白糟蹋蹉跎過了。

嘉慶、道光以下，正當西方十九世紀開始時期，中國社會終於要昂起頭來反抗滿洲人私心狹意的部族政權之統治，但那時中西雙方國力，便顯著的不相平衡了，中國人要開始嘗到南洋諸民族所遭逢的惡劣命運了。那時的中國人，內部尚未能擺脱滿清部族政權之羈軛，外面又要招架西洋帝國主義與資本主義之壓迫與侵略。中國人在此雙重影響下，開始覺悟到要從頭調整他的全部文化機構，來應付這一個幾千年歷史上從未遇到的大變局，那真是一件十分吃力的事。自西元一八四二年鴉片戰爭，直到現在一百年內，中國人便在此情況下掙扎奮鬭。我們若看清這三百年來中國人之處境，與其內心情緒之激擾與不安定，則在此時期內，中國人之不能好好接納西方文化而加以消化，是不足深怪的。

三

而且當利瑪竇等初來中國時，他們的一腔熱忱，只在傳教，但在中國傳統文化機構上，宗教早不佔重要的地位，耶穌教偏重對外信仰，不能像佛教般偏重自心修悟較近中國人的脾胃。因此明代的中國人，不免要對西方傳教士抱幾分輕蔑心理，這亦是很自然的。利瑪竇等想把他們天文、輿地、曆法、算數等知識炫耀於中國人之前，因此來推行他們所信仰的教義。但在中國人看來，他們天文、輿地、歷法、算數等知識是值得欣羡的，他們的教義，則是值不得信從的。利瑪竇等想把中國人從天算、輿地方面引上宗教去，但中國人則因懷疑他們的宗教信仰而牽連把他們天算、輿地之學也一拌冷淡了。這是一件很可惜的事。起初利瑪竇等因感在中國傳教不易，因之對於中國固有的禮俗，一切採取容忍態度，在中國的基督徒也許祀孔祭祖，這是當時耶穌會一種不得已的策略。但在西方的教會，則始終反對是項策略。而在中國也同樣激起了康熙時代，除卻利瑪竇派之外，一概不得在中國傳教的詔令。我們大體上可以說，近三百年來的中西接觸，前半時期，是西方教士的時期，他們在中國是沒有播下許多好成績的。

一到十八世紀終了，十九世紀開始，西方情形大變了，西力東漸的急先鋒，顯然不是教士而是商人了。那時西方資本主義與帝國主義的力量，正如初生之虎，其鋒不可當，但在中國人心裏，是一向看不起富强侵略的。中國人經過幾次挫折，也都知道自己力量不如人了，但還敵不過他內心中的一股義憤與鄙夷。因此在中國人眼光裏，又不免要誤會到西方只是些貪利與恃强的勾當，而忽略了在他後面策動的西方文化的真力量與真性質。

在那時的日本，他雖說是中國文化之附庸，但到底薰陶不深，他受西洋勢力的壓迫，便翻然變計，一心一意慕效富强，學習侵略，在不久的時期內，日本早已現代化了，他也就變成一個富强而能發動侵略的國家了。但在中國則不然。日本人之學西洋，是舉國一致，興趣集中的；在中國則是隨伴著一種鄙夷之心，由於不得已而學之的。在中國人看來，誤謂西方一切，全是供作資本主義與帝國主義吞噬攫奪用的一種爪牙，以及欺騙引誘人的一種假面具而已。在日本人，則只要這一副爪牙假面具而已足；在中國人，則內心實在討厭這一些，則又不得不勉强學習他。

中、日兩國效法西化之一成一敗，是有他雙方心理上甚微妙的一種因緣的。我們亦可以說，西力東漸的第二期，他的商人先鋒隊，在中國所留下的影響，並不比教士們好些，而且是更壞了。

四

話雖如此說，這三百年來的中國人，對此西方異文化的態度，到底還是熱忱注意虛心接納。利瑪竇初來，便得中國名儒徐光啟與李之藻之篤信與擁護。清代經學家，對於天文、曆法、算數、輿地、音韻諸學，他們一樣注意到西方的新說而盡量利用。一到晚清末葉，中國士大夫潛心西方理化製造之學的也多了，後來越發擴大，對於西方政法、經濟、社會組織、文、史、哲學，其他一切文化方面，在中國全都有人注意研究。一到雙方接觸漸深，中國人知道西方社會並不儘是些教堂與公司、牧師與商人，也不完全就是一個資本主義與帝國主義之富强侵略，中國人對西方文化的興趣便突然濃厚。中國人那種追求純真理的渴忱，又在向西方世界五體投地的傾倒備至了。

在不久以前，中國知識界裏頗有一輩人主張把中國傳統全部文化機構都徹底放棄了，如此始好使中國切實學得像西方。但這一種見解流行不久，便爲中國人民所厭棄。現在的中國人，已經漸漸懂得把全部西方文化分析解剖，再來與中國固有文化相比量。現在的中國人，他們漸漸覺得西方文化所最超出於中國，而爲中國固有文化機構裏所最感欠缺的，是他們的自然科學一方面。

自然科學亦是一種純粹真理，並非只爲資本主義與帝國主義做爪牙。中國人學習科學，並非即是學習富强侵凌。而且這一次世界大戰爭，中國又身當其衝，中國人深感到自己傳統的一套和平哲學與天下太平世界大同的文化理想，實在對人類將來太有價值了。而中國的現狀，又是太貧太弱。除非學到西方人的科學方法，中國終將無法自存，而中國那套傳統的文化理想，亦將無法廣播於世界而爲人類造幸福。中國人在此兩重觀念下，始從內心真誠處發出一種覺悟，這是中國傳統文化所負最大使命之覺悟。此下的中國，必需急激的西方化。換辭言之，即是急激的自然科學化。而科學化了的中國，依然還要在中國傳統文化的大使命裏，盡其責任，這幾乎是成爲目前中國人的一般見解了。

五

現在有一個新問題急待提出，即是在中國傳統文化機構裏，爲何没有科學的地位呢？中國傳統文化機構裏儻無科學的地位，中國要學習西方科學是否可能呢？中國學得科學而把新中國科學化了，那時是否將把中國固有文化機構損傷或折毀呢？這些問題是批評中國傳統文化以及預期中國新文化前途的人所共同要遇到的，本書作者願在下面約略申述一些個人的意見。

嚴格說來，在中國傳統文化裏，並非没有科學。天文、曆法、算數、醫藥、水利工程、工藝製造各方面，中國發達甚早，其所到達的境界亦甚高，這些不能說他全都非科學。若把東方文物輸入西方的重要項目而言：

如蠶絲在兩漢時代已不斷由中國傳入羅馬，其後到西元五五〇年南朝梁簡文時，波斯人又將中國蠶種傳至東羅馬都城君士坦丁。

造紙法在中國東漢時已發明，直至唐玄宗時，大食人始在西域獲得紙匠，因在撒馬爾罕設立紙廠，爲大食人造紙之始。大食專利數百年，直到西曆十二世紀，造紙法始入歐洲。

如羅盤早見於南北朝時代之宋書，稱爲周公所作，西曆三世紀初年馬鈞，西曆五世紀中葉祖沖之，都造過指南車。此後到西曆十一世紀中葉北宋沈括的夢溪筆談裏又記載到此種製造。歐洲用磁針盤供航海用，始於西元一三〇二年，那已在元成宗大德六年，尚在沈括所記之後二百五十年。這也是由阿剌伯人從中國傳入歐洲的。

雕版印刷術，中國發明尚在西曆九世紀以前，前章已敍述過。到西曆十一世紀前半期宋仁宗時，畢昇又發明活版印書。至歐洲方面德國創始活字版，已在西元一四三八年明英宗正統三年，後中國四百年。

又如火藥，中國古時已有。據三朝北盟會編，西元一一二六年北宋靖康時，已見火礮，南宋虞允文造霹靂礮，以紙包石灰硫黄爲之。孝宗時，魏勝造礮車，火藥用硝石、硫磺、柳炭，這些都在西曆十二世紀內。至歐洲德人初造火藥，已在西元一三五〇年元順帝至正十年，那已是十四世紀之中葉了。至於發射火藥之礮，在歐洲使用，則已在十五世紀了。

又如清代北京的天文觀象臺，建造始於西元一二七六年元代之郭守敬，較之歐洲最早西元一五七六年丹麥人所建天文臺，尚早三百年。而郭守敬所造儀器，還都是模倣宋人的。至若明代宋應星所著的天工開物十八卷，書成於西元一六三七年，中間所載一事一物，何莫非中國人從科學經驗中得來的可寶貴的知識。誰又能在近代科學技術與傳統工藝技巧之間，分劃出一條截然的鴻溝來呢？

所以我們若說，中國傳統文化裏，没有科學地位，這是一句寃枉話，不合歷史情實。平心論之，在西曆十八世紀以前，中國的物質文明，一般計量，還是在西方之上。只在西曆十九世紀之開始，西方近代科學突飛猛進，這一百五十年來，西方社會之日異月新是至可驚異的，而中國在此時期裏，反而步步落後。我們若專把這一段切線來衡量中國文化，是要陷於短視與偏見之誚的。

六

但在中國傳統文化裏，雖說未嘗没有科學，究竟其地位並不甚高。中國全部文化機構言之，科學佔的是不頂重要的部位，這亦是事實。到底科學在中國不好算得很發達，這又爲什麼呢？現在試再舉要論列。

第一：中西雙方的思想習慣雖有不同。東方人好向內看，而西方人則好向外看。這一層上面已約略說過。因此太抽象的偏於邏輯的思想與理論，在中國不甚發展，中國人常愛在活的直接的親身經驗裏去領悟。

科學與宗教，在西方歷史上雖像是絕相反對的兩件事，但在中國人眼光看來，他們還是同根同源，他們一樣是抽象的邏輯的向外推尋。在中國既沒有西方人那種宗教理論與興趣，因此西方人那樣的科學興味在中國也同時減少了。譬如哥白尼的「地動說」，達爾文的「進化論」，在西方是一種驚天動地的大事業，因其與他們的宗教理論宗教信仰恰相反對之故。但在中國，根本便沒有西方般上帝創世一套的宗教，雖則在社會上亦有天地開闢等傳說，但在整個學術思想上，本來沒有地位。佛家思想亦不重這方面。因此中國人聽到哥白尼地動，達爾文進化論等，只覺其是一番證據確鑿的新知識，並不覺得他有驚天動地的偉大開闢。因此中國人對於此等科學新說之反應，反而好像是有些平淡與落漠了。這是說的科學思想方面。

再說到科學應用方面。科學發展，多少是伴隨著一種向外征服的權力意識而來的，那種意識又並不爲中國人所重視。在國際政治上反對帝國侵略，在社會經濟上反對資本剝削，科學發明，在此兩方面的應用，遂不爲中國所獎勵。有時把他冷淡擱置，有時尚要加以壓迫摧殘，如此則西方般的科學發明自然要中途停頓。即如上述火藥、羅盤、雕版印刷三項大發明，只有印刷術一項，在中國社會上始終爲人看重。火藥則用來做花爆，放在空中，變成一種佳時令節的娛樂品，這早已十足的藝術化了。元、明、清三代，每遇戰事，便要感到大炮威力之需要，他們只向西方臨時取法。一到戰事消弭，大炮的重視也冷淡了，再不關心了。如此則中國的軍用火器，便永遠停滯，落人之後，不再進步了。又如羅盤，一般社會用來定方向，測日晷，建屋築墓，應用到鬼神迷信方面去了。中國雖很早便有相當的造船術，相當的航海技能，但中國人沒有一種遠渡重洋發展資本勢力的野心，因此羅盤應用也不能像西方般發揮盡致。

在西方的名言說：「知識即是權力」，中國人決不如此想。尤其是近代的科學知識，這真是人類最高最大的權力表現，但中國人心目中不重視權力，故而西方般的科學發明又少了許多鼓勵與鞭策。

七

現在再進一步言，自然科學在中國文化進程裏不很發達的第二原因。

似乎第一種文化，只要他在進展，他自然要用力向他缺陷處努力克服與彌補。上面說過，中國文化是先在一個廣大規模上逐步充實其內容，而西方文化則常由一較小較狹的中心點向外伸擴，此亦由於雙方自然環境所影響。因爲西方的地勢，本自分裂破碎，不易融凝合一，因此在西方世界裏常見其相互衝突與不穩定。西方人的心裏，因此常愛尋求一個超現實的、抽象的、爲一般共通的、一種絕對的概念來作彌補。這一概念，如古代希臘悲劇裏的「命運觀」，哲學上的「理性觀」，羅馬人的「法律觀」，耶穌教的「上帝觀」，近世科學界對於自然界之「秩序觀」與「機械觀」，皆可謂其同根共源，都根源於一種超現實、概括的、抽象的、邏輯的、理性的、和諧之要求。此種「和諧」卻全是外力的，西方人即以此種外力和諧之想像，來彌補克服他們內在世界之缺陷。但到底他們的文學、藝術、哲學、宗教、法律、科學諸部門，依然還是相互分割，各有疆界，亦如西方的自然環境般不易調協，到底不免要各自獨立，相互對抗。

中國文化則自始即在一個廣大和協的環境下產生成長，因此中國方面的缺憾並不在一種共通與秩序，這一方面早已爲中國文化所具有了。中國方面的缺陷，則在此種共通與秩序之下的一種「變通與解放」。因此中國人的命運觀，並不注重在自然界必然的秩序上，而轉反注意到必然秩序裏面一些偶然的例外。中國人的法律觀，亦不注重在那種鐵面無私的刻板固定的法律條文上，而轉反注意到斟情酌理的，在法律條文以外的變例。中國人的上帝觀念，亦沒有像西方般對於理性之堅執。西方人的上帝是邏輯的；中國的上帝則比較是情感的，可謂接近於經驗的。

中國人的興趣，對於絶對的、抽象的、邏輯的、一般的理性方面比較淡；而對於活的、直接而具體的、經驗的個别情感方面則比較濃。這亦是中國文化系統上一種必然應有的彌縫。因爲中國世界早已是一個共通的世界了，中國社會早已是一種和諧而有秩序的社會了，若再如西方般專走抽象與邏輯的路，將使中國文化更偏到一般性的與概括性的方面去，如此則將窒塞了各自內部的個性伸展。

中國哲學上有一句話，叫做「理一分殊」，中國人認爲「理一」是不成問題了，應該側重的轉在「分殊」方面。如此科學思想便不易發展。科學思想的精髓，正在抽象理性的深信與堅執，正應側重在其「理一」方面，而不在側重其「分殊」方面。西方科學家因刻意尋求「理一」，此正西方文化之所缺，故不惜隔絶事實，從任何實體中抽離，來完成他的試驗與理論。中國人不愛如此做，中國人常視其現狀爲融和圓通的，實際上中國人生活正已在理性之中，因此卻反要從理性外尋求解放。但雖如此，在中國人觀念裏，像西方般的宗教、法律、文學、哲學、科學、藝術諸部門，仍然是融和調協的。他們在實際上只是一體，此即所謂「理一」，他們相互間不需要亦不允許界限與分別。這是中國文化不求和諧而早已和諧處。

若用西方眼光來看中國，不僅中國没有科學，即哲學、宗教等，亦都像没有完全長成。中國思想好像一片模糊，尚未走上條理分明的境界。但我們若從中國方面回看西歐，則此等壁壘森嚴，彼此分別隔絶的情形，亦不過一種不近情理的冷硬而無生趣的強爲分割而已。雙方的學術思想界，正如雙方自然環境般，一邊只見破碎分離，一邊只見完整凝一，這是中西的大分別所在。

八

我們再從第三方面言，我們儘管可以說中國科學不發達，卻不能說中國人沒有科學才能。儻使中國人真的沒有科學才能，則他們在歷史上，也不會有如許般的發現和發明。不過中國人科學才能之表現，也有和西方人不同處。

中國人對物常不喜從外面作分析，而長於把捉「物性」直入其內裏。這因中國人常愛把物界和人類同一看待，常把自然界看成一有生機的完整體，因此好談「物之性」，而不喜歡談「物質構造」。同時中國人觀察的眼光是極靈敏的，他既透過物體外層之構造，而向内深入直接擱捉住物性，因此中國人一樣能利用物界。只在西方人看來，好像是知其然而不知其所以然，還未到理性分析的境界。中國人也常說「可以神遇，而不可以目視；可以意會，而不可以言傳。」便是說的這個道理。中國人在他「神遇」「意會」的一番靈感之後，他也有本領把外物來作試驗和證明。

中國人對於試驗和證明的手腕和心思，又是非常精細而極活潑的，否則中國人的靈感，將永遠在神秘中，不能有許多實際的發明和製造。但因中國人觀念中不重分析，因此也沒有理論上的說明，一切發現遂只變成像是技術般的在社會傳布，缺乏了學理的解釋與再探討，如此則像是使後起的人僅能心領神會，不易繼續模仿前進。這亦像是造成了中國科學界一極大的缺憾。

九

以上所說，都是中國傳統文化裏不能像似西方般的科學發展之原因。但中國文化其本身內裏亦自有其一套特殊性的科學，只不能如西方般的科學同等發展。最多亦只是不易在自己手裏發生出如西方般的近代科學來，卻不能說他連接受西方科學的可能亦沒有。則何以近百年來，西方科學思想與科學方法大量輸入，而中國方面還是遲遲不進，老見落後趕不上去呢？這裏面亦有其他的原因，最主要的，由於最近當前的中國人，只依照著西方人的「功利」眼光去看他們的科學，而沒有把「純真理」的眼光來看。日本人也同樣以功利眼光看科學，但日本人中心歆羨功利，因此學成了。中國人心裏則實在菲薄功利，只逼於事勢，不得不勉強學習，因此學不深入。又一原因則中國政治、社會全部變動，非到得一相當安定的局面，西方科學也無從生根滋長。此後的中國，國內國外的和平秩序恢復了，對科學的觀念也正確了，我想科學在中國，一定還有極高速度的發展。

十

讓我們再談到最後一問題，科學在中國一如在西方般發展以後，是否將損害或拆毀中國原來的文化傳統呢？這一問題頗是重要，但據本書作者之意見，中國固有文化傳統，將決不以近代西方科學之傳入發達而受損。因爲中國傳統文化，一向是高興接受外來新原素而仍可無害其原有的舊組織的。這不僅在中國國民性之寬大，實亦由於中國傳統特有的「中和」性格，使其可以多方面的吸收與融和。

姑讓我們具體而淺近的說一些。即以儒家思想與耶穌教義論之，在儒家思想的系統下，儘可接受耶教教理。耶教最高教理在「信仰上帝創世」，儒家思想之主要中心則爲「性善論」。在人性皆善的理論上，加上一個人類由上帝創造的學說，是無傷大體的。因爲人類儻由上帝創造，亦未必便見人性皆惡。但反過來，在耶教教理方面，卻不能輕易接受儒家思想，因爲你若真相信人性皆善，則不得不接受如孟子所說「人皆可以爲堯舜」，及禪宗所謂「自性自佛」的話，從此發展引伸，便要對耶教一切仰賴上帝的宗教理論，加以無形的打擊了。循此而下，耶穌教勢非亦變成一變相的儒家不止。因此儒家思想可以容忍耶穌教，耶穌教卻不能容忍儒家思想。在晚明及清初，中國人可以接納利瑪竇。但西方教會則必須排斥利瑪竇，便爲此故。這裏面並非全爲中西雙方民族性之不同，而雙方教義性質之不同，實更爲重要。

再以儒家思想與佛教教理言之，儒家思想之終極目標爲「修身、齊家、治國、平天下」，佛家的終極目標爲「入無餘涅槃而滅度之」。在儒家思想的系統下，儘可容受此種「無餘涅槃」之觀念，無論大乘教義的或小乘教義的。宋、明新儒家便常有此種理論，這無異於成了「生而不有，爲而不恃，功成而弗居」的境界。因此儒家儘可談佛參禪，在儒家的功業上，再加以佛家的胸襟是不相妨的，依然不害其爲儒。但佛家卻不能輕易接受儒理，若佛亦來講修身、齊家、治國、平天下，則必蓄髮回俗，不成其爲佛，而轉變爲儒了。我們若明得此理，便知中國社會上有所謂「三教合流」乃至對於一切宗教之容忍，是不足爲奇的了。

「科學」與「宗教」，在西方是顯相敵對的。信了科學便不能再信宗教，因此雙方水火，互相排斥。但在中國固有文化的機構下，是既可容受宗教，亦同樣可以容受科學的。就思想系統而說，西方近代科學界之新理論，他們所針對的是他們的宗教教理，並非針對著中國思想。在中國思想裏加進西方科學成分，只是有益無損。中庸上說：

能盡己性，則能盡人之性，能盡人之性，則能盡物之性。能盡物之性，則可以贊天地之化育。

承認有「天地之化育」是宗教精神，要求「盡物之性」是科學精神，而歸本在「盡己之性」與

「盡人之性」兩項下面，則是儒家精神了。儒家承認有天地之化育，但必需用「己」和「人」去贊助他。宋儒說「爲天地立心」便是此旨，如此則便非純宗教的了。儒家亦要盡物之性，但必著重在盡人性上下手，則便非偏科學的了。因此西方人的科學與宗教之相互敵對，一到儒家的思想範圍裏，便須失其壁壘。宗教與科學，在中國傳統文化的意義下，都可有他們的地位，只不是互相敵對，也不是各霸一方，他們將融和一氣而以儒家思想爲中心。

近代西方科學的趨勢，已有些「盡物性而損及人性」的傾向了。中庸上所謂「盡人之性而後可以盡物之性」一句話，我們可從兩方面分別講述。先從淺一層向外方面言之，民主精神的「文治政府」，經濟平衡的「自由社會」，是盡人性的共通大骨幹，必先在這種政府和社會的控制下來發展科學，才是合於「盡人性而後可以盡物性」的意義。像西方科學界這樣爲人無控制的利用，在中國人觀念下是不甚同情的。近百年來的中國政治和中國社會一切失卻軌道，無怪中國人對於西方科學的興趣，要老是趦趄徬徨了。

左傳上曾說過：「正德、利用、厚生。」中國人一向重視現實人生，「利用」「厚生」自然要講究，但中國人觀念裏認爲非先「正德」，則利用、厚生到底不可能。西方科學似乎僅注意在利用上，儻使專從利用的目標走去，是走不到正德的境界的，不能正德亦將不能厚生。「正德」便是「盡人性」，「利用」便是「盡物性」。

十一

再從深一層向內方面言之，中國人向來主張「天人合一」與「心物合一」，這在上面已說過。因此中國人的對物觀念，常和對人觀念般，認為他們中間也有融和一致的共通相似點。常認為「物性」與「人性」，一樣是一種「天地之性」，應該不相違異。因此中國人的對物態度，與其說是「科學的」，毋寧說是「藝術的」。其實在中國人觀念下，根本便不情願把科學、藝術、宗教、哲學一樣樣分開，使之各立門户，不相聞問。中國人常願將此種種差別同樣的融和一氣，不加區分。因此中國人常說：

技而進乎道。

又說：

形而上者謂之道，形而下者謂之器。

「技」與「器」應該屬藝術還該屬科學？是分辨不清的。「道」應該屬宗教還該屬哲學？一樣分辨不清。「形上」「形下」，一氣貫注，纔是中國人的理想。我們若把西方通行語說之，「他須是一個宗教與哲學家，他纔可做一理想的藝術家與科學家」。「與」字義，不同「或」字。

易經裏面把中國古代一切關於人事方面之製造與發明，即藝術與科學，統統歸之聖人的功績。聖人略猶如西方之哲學家。而聖人所以能製造發明這些東西，則全由於他能「法則天象」，所謂：「天垂象，聖人則之。」此即宗教。正爲「天」「人」「物」三者中間，有一個共通一貫的道理。也可說是一種共同相似的傾向。天、人、物三者間，因有這一種共通的道理和傾向，所以纔能形成這一個共同生息的宇宙。這一種道理或傾向，儒家稱之爲「性」。物之性太雜碎，天之性太渺茫，莫切於先瞭解人之性。要瞭解人之性，自然莫切於從己之性推去。因爲己亦是一人，人亦是一物。合卻「天、地、人、物」，纔是造化神明之大全。這是中國思想整個的一套。在此一套思想裏，儘可有科學家的地位。

上面說過，中國人的科學天才，是偏長於「對有機完整的全體，作一種直透內部心物共鳴的體察」。這是宗教、哲學、藝術、科學同根共源之點。若使科學在中國獲得長足進展，一定在這一方面有他驚人的異采。本節所用「宗教」、「哲學」等名詞，皆就西方術語用之。在西方文化系統上，「宗教」與「科學」爲兩大壁壘，而「哲學」則依違兩可於其間。在中國根本無哲學，在西方人眼光下，中國僅有一種「倫理學」而已。中國亦無嚴格的宗教，中國宗教亦已倫理化了。故中國即以倫理學，或稱「人生哲學」，便可包括了西方的宗教與哲學。而西方哲學中之宇宙論、形上學、知識論等，中國亦只在倫理學中。西方學術重區分；中國則重融通。故西方科學必另自區分爲一大類；中國科學則仍必融通於此一大全體之內。西方科學家觀察外物，全從一種區分精神；中國有科學家，亦仍必以完整的全體的情味來體會外物。此雖非絕對如此，然雙方畸輕畸重之間，則必有如此的趨勢無疑。

十二

上文所說的科學，乃專指「自然科學」而言。我們若再進一步深細言之，則自然科學之外還該有「人文科學」。近代的西方，自然科學突飛猛進，而人文科學落後趕不上，兩者間脫了節，遂致形成近代西方文化上種種的病態。

但人文科學畢竟與自然科學對象不同，質性相異，我們不能用同一的心習，或同一的方法來駕馭來探究。若就「性質」言，自然科學是重在「抽象」方面的；而人文科學則重在「具體」方面。若就「方法」言，自然科學是「推概」的；而人文科學則是「綜括」的。

讓我們粗略地把各項學科依次作一序列。數學與幾何學，是最抽象最推概的，他是自然科學之柱石，若無數學，即不能有自然科學。但物理、化學，較之數學與幾何學，已不能全重抽象，全用推概的方法了。天文學、氣象學乃至地質學等，更具體了；既屬具體，則便須綜括，不能推概。如二加二等於四，三角形內之三角等於兩直角，如此之類是最抽象的，可以推一概萬的。力學中之槓桿，以及化學中之氫二氧爲水之類，便漸由形式而落到實體，漸從推概中稍帶有綜括的意味了。若至天文、氣象、地質，你決不能專據一隅而推概萬方，你只有在各地方的具體事象中綜括出一通則來。以上都說的物質科學。若依次輪到生命科學，如生物學，雖亦屬於自然科學之一邊，然因其有了生命，便不能不有相互間之變異。既有變異，便不能推概，更須綜括。若由生物學轉到人類學，再轉到社會學、歷史、文化學之各部門，那距離自然科學更遠了，其相互生命間，各有個性，變異更大，更不能抽象地推概。

人文科學是有生命的，有個性的，有變異的，只有具體的綜括，始可得一近是的真理。若用抽象的推概方法，則無不失敗。經濟學較政治學可推概些，何以故？因經濟學中還多含自然物質的成分，而政治學則人文的意味更偏重了。你說：「凡人皆有死，蘇格拉底是人，所以蘇格拉底亦有死。」這不屬人文科學的範圍，這依然在自然科學的圍牆裏面，因此雖像說的是人事，而依然可以推概，可以成一邏輯。但你不能說：「凡人皆怕死，蘇格拉底是人，所以蘇格拉底亦怕死。」這不是一推概的命題，而應該是一綜括的命題。你須先問蘇格拉底是否怕死，再可確立凡人是否怕死之一辭。因爲這是屬於人文科學的園地了。人文科學的對象是最富個性最多變異的，因此是最具體、最切實、最宜綜括的。不比自然科學的對象，沒有個性、無變異、只是些抽象的形式，可以推概。

我們若明白得這點，我們亦可說，西方人的心習，和其慣用的方法，使他在自然科學方面更有成就，更見成績。中國文化是一向偏重在人文科學的，他注重具體的綜括，不注重抽象的推概。惟其注重綜括，所以常留著餘地，好容新的事象與新的物變之隨時參加。中國人一向心習之長處在此，所以能寬廓、能圓融、能吸收、能變通。若我們認爲人文科學演進可以利用自然科學，可以駕馭自然科學，則中國傳統文化中可以容得進近代西方之科學文明，這是不成問題的；不僅可以容受，應該還能融化能開新。這是我們對於面臨的最近中國新文化時期之前途的希望。

十三

現在我們將結束本書，不妨把中國文化演進分成幾個階段的觀念在此重新提掇一遍。

第一：是先秦時代，那時中國人把人生大羣的共同理想和信念確定下來了，這是中國文化演進的大方針，即中國文化之終極目標所在，在此時期明白提出，以下則遵循此路向而前進。

第二：是漢、唐時期，那時的中國人把政治、社會一切規模與制度亦規劃出一個大體的輪廓了。這是人生的共通境界，必先把這一個共通境界安頓妥貼，始說得上各人的個別發展。

第三：是宋、元、明、清時期，那時的中國人，更顯著的發展，是在文學與藝術方面。人生的共通境界安定了，個性的自由伸展也開始了。

第四：是我們當前面臨著的最近將來的時期，人事上的共通方面與個別方面都已安排照顧到了，下面應該注意到四圍的物質環境上來盡量的改善與利用。

概括言之：

第一時期：可說像是西方的「宗教與哲學時期」，此處所用宗教與哲學兩詞之含義已釋在前，即對人生之理想與信仰。

第二時期：可稱「政治與經濟時期」，政治採用民主精神的文治政府，經濟主張財富平衡的自由社會。

第三時期：可稱「文學與藝術時期」，文學藝術偏於現實人生，而又能代表一部分共同的宗教性能者。

第四時期：可稱爲「科學與工業時期」，科學在理論方面，必然將發揮圓成第一時期之理想與信仰；科學在實用方面，必然受第二時期政治與經濟理論之控制與督導。

但此種區分，並非說中國文化在變異與轉換，只是說中國文化在推擴與充實。中國文化依然是這一個大趨嚮，只逐次推擴到各方面，又充實了各部門。更此以往，乃始爲中國人真到達他終極理想的「天下太平與世界大同」的時期。

附錄

中國文化傳統之演進

一

我們先問一句，什麼叫「文化」？這兩個字，本來很難下一個清楚的定義。普通我們說文化，是指人類的生活；人類各方面各種樣的生活總括匯合起來，就叫它做文化。但此所謂各方面各種樣的生活，並不專指一時性的平鋪面而言，必將長時間的緜延性加進去。譬如一人的生活，加進長時間的緜延，那就是生命，一國家一民族各方面各種樣的生活，加進緜延不斷的時間演進，歷史演進，便成所謂「文化」。因此文化也就是此國家民族的「生命」。如果一個國家民族沒有了文化，那就等於沒有了生命。因此凡所謂文化，必定有一段時間上的緜延精神。換言之，凡文化，必有它的傳統的歷史意義。故我們說文化，並不是平面，而是立體的。在這平面的、大的空間，各方面各種樣的生活，再經歷過時間的緜延性，那就是民族整個的生命，也就是那個民族的文化。所以講到文化，我們總應該根據歷史來講。

什麼是中國文化？要解答這問題，不單要用哲學的眼光，而且更要用歷史的眼光。中國文化，更是長時期傳統一線而下的，已經有了五千年的歷史演進。這就是說，我們國家民族的生命已經緜延了五千年。但是這五千年生命的意義在那裏？價值在那裏呢？這好像說，一個人活了五十歲，他這五十年的生命意義何在？價值何在？要答復這問題，自該回看他過去五十年中做了些什麼事，他對於社會、國家、人類曾有些什麼貢獻，他將來還有沒有前途。我們同樣用這種方法來看中國民族，這五千年來它究竟做了些什麼，它在向那一條路跑。如我們日常起居生活，都有他的目的和意義；如是一年兩年，三年五年，天天老是這樣操作着，他定有一個計劃，如果他的計劃感到滿足完成了，那他又將生出另外一個想像。中國近百年來所遭遇的環境，受人壓迫，任人蹂躪，可謂痛苦已極。假如有一時候，中國人又處在獨立自由，國勢興隆，幸福康樂的環境下，再讓他舒服痛快的過日子；那麼這時候，它又將怎樣地打算呢？他會又想做些什麼呢？要解答這問題，我們就要看中國文化本來是在向那一條路走。這就說到了一個國家民族文化內在的性格。中國人現在不自由，不平等，國勢衰弱，遭人壓迫，事事都跟著人家後面跑，那是暫時事；難道中國人五千年來都在跟著人家腳後跟的嗎？就算是如此，難道它心中就真的沒有一條路線、一個嚮往嗎？一個人在他的生命中，定有他自己所抱的希望與目的。如果沒有了，那麼他的生命就毫無意義與價值了。國家民族也如此。我們中國既經了五千年歷史，他到底在向着那一條路跑的呢？這是我們要明瞭的第一點。第二點，它究竟跑了多少路？曾跑到了它的目的沒有？還是半途停止了？這就如我們常說的中國文化衰老了嗎？已經死了嗎？我現在就想用歷史觀點來講明這一些問題。

中國文化傳統，是有它的希望和目的的。我們現在只要看它在那條路上跑，到底跑了多少遠，是繼續在進步呢？還是停住不再向前了？還是轉了方向，拐了彎？我們講中國文化傳統演進，就該注重在這些問題上。因此我此刻所講，雖是已往的歷史，但可以使我們瞭解中國現在的地位，和它將來的前途。

再換一方面說，我們如果是要寫一本「中國文化史」，究竟應該分幾期來寫呢？歷史本不能分期，好像一條水流不能切斷，也像人的生命般不能分割。但我們往往說，某人的一生，可以分成幾個時期；像說某人第一時期是幼年在家期，第二是青年求學期，第三或是從事革命期，第四第五是什麼時期等。我們若將他這樣的分成幾個時期了，我們自可知道他曾希望做些什麼，又完成了些什麼。我也想將中國文化史分成幾期，來看它循著那一條路走。但分期實在很難。我們先得要看準它所走的路線，才能決定怎樣去分程。我個人想，把中國文化從有史起到現在止，分爲三期。秦以前爲第一期，秦以後到唐爲第二期，唐以下到晚清爲第三期，現在則是第四期開始。

這樣分法，我想諸位無論是學歷史的或不是的，都會感到這是很自然的一種普通一般的分法。我們普通談中國史，大都說秦以前的學術思想最發達、最好，秦以後就衰落不興了。又有些人說，漢唐時代的政治和社會都很富强隆盛，有成績，唐以下宋、元、明、清各代就都不成了。由這裏，可見普通一般人，大都也將中國史分成這幾段。

二

說到中國文化，如果我們想把世界上任何民族的另一種文化來作比，儘不妨是很粗淺，很簡單，但相互比較之後，便更容易明白彼此之真相。我想最好是把歐洲文化來作比。因爲如巴比倫、埃及等，現在都已消失；他們的生活，似乎沒有什麼力量，因此也沒有緜延著很長的歷史，只在某一時間之內曾飛黃騰達過，但不久即消失，猶如曇花一現，不能久遠。若論能長時間奮鬥前進的，從目前說，只有兩個文化，一是中國，一是歐洲。我們若把此雙方互作比較，便可見許多不同的地方。

歐洲歷史，從希臘開始，接著是羅馬，接着北方蠻族入侵，輾轉變更，直到今天。他們好像在唱一臺戲，戲本是一本到底的，而在臺上主演的角色，卻不斷在更換，不是從頭到尾由一個戲班來扮演。而中國呢？直從遠古以來，堯、舜、禹、湯、文、武、周、孔，連臺演唱的都是中國人，秦、漢、隋、唐各代也都是中國人，宋、元、明、清各代上臺演唱的還是中國人，現在仍然是中國人。這一層便顯然雙方不同了。

再說一個譬喻，中國文化和歐洲文化的比較，好像兩種賽跑。中國是一個人在作長時間長距離的跑。歐洲則像是一種接力跑，一面旗從某一人手裏依次傳遞到另一人，如是不斷替換。那面旗，在先由希臘人傳遞給羅馬，再由羅馬人傳給北方蠻族，現在是在拉丁、條頓民族手裏。而有人卻說，說不定那面旗又會由斯拉夫民族接去的。而且他們這面旗，也並不是自己原有的，乃是由埃及人手裏接來的。

所以中國文化和歐洲文化相比，有兩點不同。第一，就時間緜延上講，中國是由一個人自始至終老在作長距離的跑，而歐洲是由多人接力跑。第二，就空間來說，歐洲文化，起自希臘雅典，由這個文化中心向四周發散。後來希臘衰微，羅馬代興，文化中心便由希臘搬到羅馬，由羅馬再向四周發散。因此他們在歷史演進中的文化中心，也從一個地方另搬到別一個地方，依次的搬。到近代列强並立，文化中心也就分散在巴黎、倫敦、柏林等地方，再由這幾個中心各自向四周發散。所以西方文化，常有由一個中心向各方發散的形態。而且這些文化中心，又常是由這一處傳到那一處。這種情形，連帶會發生一種現象，就是常有文化中斷的現象，在這裏告了一個段落，然後在別處再來重演。中國文化則很難說是由這一處傳到那一處。我們很難說中國文化是由山東傳到河南，再由河南傳到陝西，由陝西傳到江西，由江西傳到江蘇，如是這般的傳遞。中國文化一擺開就在一個大地面上，那就是所謂中國，亦即是所謂中國的「體」了。關於這一點，在古代歷史上，似乎已難加詳說。但到了春秋時代，中國文化已經很明顯的平擺在中國的大地面上了。有「體」便有「用」。試看當時齊、晉、秦、楚各國散居四方，而一般文化水準都很高，而且可說是大體上一色的。這就可見中國文化水準在那時早已在一個大地面上平鋪放著了。我們不能說漢都長安，漢代文化就以長安爲中心，再向四面發散。當時的長安，不過是漢代中央政府所在地，人物比較集中，卻不是說文化就以那裏爲中心，而再向四周發散。所以中國文化乃是整個的，它一發生就滿佈大地，充實四圍。而歐洲文化則係由一個中心傳到另一個中心，像希臘傳到羅馬，再傳到東羅馬。因此西方文化可以有幾個中心變換存在，而中國文化則極難說它有一個中心。我們很難說某一地點是中國文化的中心。因此西方文化可說它有「地域性」，而中國文化則決沒有地域性存在。許多地方，在歷史中，根本沒有作過政治中心，但始終在文化大體之內有其相等極高的地位。

這種比較，是從雙方外面看，很簡單很粗淺的相比較，而約略作爲如此說。爲什麼我們要把西方文化來和中國文化如此相比呢？因爲這一比，就可以看清楚我們自己的文化發展，到底是什麼一個樣子。

三

我現在想由外面形態轉進一步，來講中國文化的意義究竟在那裏。上面說過，中國文化開始就擺在一個大局面上，而經歷緜延了很長時期。這裏便已包蘊了中國文化一種至高至深的大意義。在中國一部古經典易經說：「可大可久。」這是中國人腦子裏對於一般生活的理想，也就是中國文化價值之特徵。以現在眼光看，中國是世界之一國，中國人是世界人種中一種。我們用現代眼光去看秦以前中國古人的生活，有些人喜歡說中國古人閉關自守，和外國人老死不相往來。這種論調，我們若真用歷史眼光看，便知其不是。我們也很容易知道中國幾千年前的古人，對於幾千年後中國近人這樣的責備，他們是不肯接受的。在古代的中國人，一般感覺上，他們對於中國這一塊大地，並不認為是一個國，而認為它已可稱為「天下」，就已是整個世界了。中國人所謂「天下」，乃一大同的。封建諸侯，以及下面的郡縣，乃屬分別的。

我們不要輕看當時那些封建的國，在它們都曾有很長的歷史。像衛國，國土雖小，即是最後纔亡於秦國的，它已有九百年歷史。現在世界各國，除中國外，那一個國家傳有九百年歷史呢？其餘像齊、楚諸國，也都有八百年左右的歷史。在現在人腦子裏，一個國有八百年歷史，實已夠長了。中國當時的四境，東南臨大海，西隔高山，北接大漠；這些地方，都不是中國農業文化所能到達。中庸上說：「天之所覆，地之所載，日月所照，霜露所墜，舟車所至，人力所通，凡有血氣，莫不尊親。」這像是秦代統一前後人的話。在當時，實在認爲中國已是一個天下了。當時人認爲整個中國版圖以內的一切地方，就同是一天下，就同在整個世界之內了。在這整個世界之內，文化已臻於大同。至於在中國版圖以外的地方，因爲那時中國人的文化能力一時難及，只好暫擺一旁，慢慢再說。好像近代歐洲人，對非洲、澳洲和南美洲等有些地方，豈不也因爲他們一時力量有限，還未能充分到達，便也暫擱一帝，慢慢再說嗎？可見古代中國人心理，和近代西洋人心理，何嘗不相似？只是當時交通情形比現在差得稍遠而已。

在那時，中國已經成爲一個大單位，那時只有中國人和中國。所謂中國，就是包括整個中國人的文化區域，他們以爲這就已經達到了世界和天下的境界。「世界大同」，「天下太平」，這是中國古人理想中的一種人類社會。所謂「凡有血氣，莫不尊親」，這就是中國文化所希望達到的理想了。因此我們可以說，中國文化是「人類主義」即「人文主義」的，亦即「世界主義」的。它並不只想求一國的發展，也不在想一步步的向外擴張它勢力，像羅馬，像現在一般壓迫主義、侵略主義者的西方帝國一般。惟其如此，所以使中國文化爲可大。

以上只就中國文化觀點籠統地來說。若要具體一點講，可以舉幾個例。像孔子，他的祖先，是商朝之後宋國的貴族，後來逃往魯國。但孔子一生，就並不抱有狹義的民族觀念，他從没有想過滅周復商的念頭。也不抱狹義的國家觀，他並不曾對宋國或魯國特別地忠心。他更沒有狹義的社會階級觀念，他只想行道於天下，行道於全人類。所以孔子實在是一個人類主義者，世界主義者。又像墨子，我們不能詳細知道他的國籍和出身，只知他一樣是沒有狹義的國家觀和階級觀的。至於莊子、老子，那就更沒有所謂國家觀、階級觀了。

我常說，在戰國時，學者抱有狹義國家觀念的，總共只有一個半：一個是楚國的貴族屈原。當時很多人勸他，楚王既然不聽你的話，你大可離楚他去。但他是一個楚國的貴族，無論如何不肯離開楚國。楚王不能用他，他便投江自盡。這可以說是一個抱有强烈民族觀念、國家觀念的人。另外半個是韓非。他是韓國貴族。他在先也有很强烈的國家觀念，但他到秦國以後，意志就不堅定了，所以只能說他是半個。但我現在仔細想來，屈原是一個文學家，富於情感，他想盡忠楚王，被讒受屈，再往別處去也未必不再受讒受屈，因此他憤懣自殺了。我們該從他文學家的性格情感上來看，他也未見定是一位狹義的國家主義者。

如此說來，先秦諸子，實在沒有一個人抱著狹義的國家主義。當時一般學術思想，都抱有一種「天下觀」，所以說：「身修而後家齊，家齊而後國治，國治而後天下平。」修身、齊家、治國，最後還是要平天下。這個理想，到秦始皇時代，居然實現，真成天下一家了。所以中國文化，開始就普遍的擺在一個大地面上，希望只要交通所達，彼此都相親相愛，結合在一起。他們的最高理想，就是奠定一個世界大同、天下太平的，全人類和平幸福的社會。

這種世界觀，又和西方耶穌教只講未來天國，而不注重現實世界的，有不同。中國孔孟諸子，深細說來，他們並非沒有宗教信仰。只他們所信仰者，在現實人生界，而不在求未來和出世。而春秋戰國時代一般的想望，到秦朝時，已經算到達了。至於當時在四周的一些外族，一時不能接受我們文化薰陶，我們暫時且不理會。待他們能和我們處得來的時候，我們再歡迎他們進到我們疆界裏面來，和我們一起過生活。因此那時雖還有化外蠻夷，但因中國那時的農業文化，還沒有方法推進到沙漠、草原、高山等地帶去，因於和他們生活不同，而於是文化不能勉强相同；沒有方法來教他們也接受中國人所理想的生活和文化，則暫且求能和平相處便算了。

以上所說，只在說明中國在秦以前，是中國文化的第一期，在這期間，中國人已經確實實現了他們很崇高的理想。已經有了世界大同、天下太平的大觀念，而且也已相當地有成績。

四

到了第二期，秦、漢、隋、唐時代，政治武功，社會經濟，都有很好的設施。秦朝統一天下，造成了一個國家一個民族的局面。這便已是現世所謂的「民族國家」了。換言之，秦時的中國，早已是相當於近代人所謂的現代國家了。秦以後，兩漢、隋、唐，中國文化的最大成就，便是在政治和社會的組織方面。大一統的政治和平等的社會之達成，這便是漢唐時期的成績。我們總覺得，中國到現在爲止，學術思想方面還超不出先秦，政治社會方面還超不出漢唐。漢唐這一段歷史，很難簡單講。如今不得已，姑且簡說一些。

一般人往往說，中國過去是一個「君主專制」的國家。我認爲稱它是「君主」則誠然的，稱它爲「專制」，那就未免有一點冤枉。中國社會，自秦以下，便沒有所謂特權階級之存在。政府裏面的做官人，並不是社會上享有特權的貴族。那麼秦漢以下，什麼樣的人，才可以做官呢？用一句現在時行的話來說，什麼人才可以參預政治呢？中國從漢以下，國民參政，均有一種特定的制度。漢制先入學校受教育，畢業後進入政府歷練辦事，做事務官，當時稱做「吏」。待他練習實際行政有經驗，有相當成績，便得推舉到朝廷，再經一度考試，才正式做政務官。至於官階高低，則由其服官後成績來升降。魏晉南北朝以下，此制有變動，但大體總有一制度。唐以後直到清代，便是有名的科舉制。所以中國自漢以後，固然有皇帝，但並沒有封建貴族。又並沒有由資本家變相而來的財閥貴族。做官人都由民衆裏面挑選受教育有能力的人來充當，並在全國各地平均分配。東漢時，大概二十萬户口中，可以有一人參政。直到清代，各省應科舉的人，都規定錄取名額，仍是照地域平均分配。單由這一點看，中國傳統政治，早不是君主專制。因全國人民參政，都由政府法律規定，皇帝也不能任意修改。即如清代考試制度所規定的考試時日，兩百幾十年來也未曾更改過。所以中國的傳統政治，實在不能說它是君主專制。

在這樣一種政治情形下，便產生了中國特有的社會情況。春秋戰國時，中國還是封建社會，分有公、卿、大夫、士、庶人等階級，而且分得很清楚。秦以後，封建社會早沒有了，那時本可有漸漸走上資本主義社會的趨勢。求貴路的走不通，大家都朝著求富的路走，這本是極自然的。中國地大物博，也很適宜於經商發財。但一到漢武帝時，定出新法規，規定讀書受教育的人才能做官，做了官的人就不能再經商做生意。而且規定有專利的大商業都由政府經管，人民經商所得稅又抽得很重。在這種情形下，中國便走上了似乎近代人所謂的「統制經濟」那一條路。這時候，封建制度推翻，私人經濟不能無限發展，而政府又定下考試制度來，規定國民有受教育經選拔得參政做官的權益。這種情形，在當時中國人心下，大家覺得很合理，因此封建社會去了，資本主義的社會沒有來，大家在教育文化上著意努力，來實現修身、齊家、治國、平天下的理想；因此也不想再要求另一種出世的宗教，來求安慰；換言之，他們就可在現實生活中安身立命了。

但這樣說來，諸位定會問，漢代制度既然如此好，當時生活又是這樣合理，為什麼漢代又會衰亡的呢？這問題急切不能詳細答。這等於問，你今天身體健康，很強壯，為什麼後來又會生病的呢？又好像問，你現在已經喫得很飽，為什麼等一下還要餓，還要再喫的呢？這些問題，本可以不問，問了便牽涉得太遠。但是我們總不免要問，漢唐時代的政治社會，既然這麼合理，為什麼如今卻弄得這樣糟？這問題，我再往下是要說明的。我們都知道，自漢末大亂以後，那時的中國人，便覺得這世界現實沒有意義，政治不清明，社會不公道，一般人心都很消極悲觀，便轉而信宗教，信出世，希望來生；那便是當時新從印度傳入中國的佛教。但爲什麼今天的中國人，環境生活如此壞，但又不像魏晉南北朝那樣消極呢？這因現在人覺得有外國人可靠，還像有辦法。從前希望在來世，現今希望在國外。因此現在中國人崇拜了洋人，卻不易信宗教。如果我們有一時真覺毫無辦法，那就只有信宗教求出世了。所以魏晉南北朝以下，信佛教的人特別多；直到唐代統一盛運再臨，纔又恢復過來，再走上現實人生的大道。

漢唐兩代的情形，現在不能詳說。大概宋代以下中國的社會與政治，都逃不出漢唐成規。因此我們普通多說，宋代以下的政治和社會，好像沒有什麼長進了。但我們並不能因爲漢唐的學術思想超不出先秦，便說漢唐沒有長進。因爲在先秦時代，孔子孟子一輩聖賢，都已將人生理想講得很高深，以後實在很難再超出。問題只在如何般去求實現。漢唐的成績，在能依著先秦人理想，逐漸做去，把那些理想逐步表現出來。那實在也是了不得。中國古人的理想，像先秦百家所提出的，本來已很高，很完美。直到今天，依然未能超過它們。這不能因此便說中國不長進。我們現在所謂漢唐不如先秦，大概是指的學術思想方面言，說漢唐時代依然跑不出先秦學術思想的範疇。但我們要是進一步來說，先秦人的思想雖高，可是只存空言。而秦以後漢唐諸代，卻確在依著它實幹，使先秦人的思想逐漸在社會上實現。直到宋以下，政治社會，一切規模，都逃不出漢唐成規。這便不好不說是漢唐時代的進步了。在這裏，我敢大膽說一句，今後中國的政治社會，恐怕依然逃不掉漢唐規模。如政治的一統性，社會的平等性，便是漢唐的大規模。

五

現在我們再說，漢唐諸代，建下了平等社會和統一政治的大規模，那時候的社會政治，比較先秦是很有進步了。政治清明，社會公道，國家富强，人生康樂。在這種環境下，一般人又將想些什麼呢？出世的宗教追求，打不進他們的心坎。這時候，中國人對人生最高理想，便把來放在如何發展各自的個性這一問題上。中國社會自始便懂得顧全大體，最注意大羣生活。但顧全大體，側重大羣生活，並不一定要犧牲個人的。而所謂個人幸福，在中國人心中，主要是在各個人個性的發展上。上面說過，中國文化，自始就在一個大範圍之下平鋪著。待這一個大範圍安排妥帖了，便想進一步，在此大範圍之內，來要求各個人的個性之如何而可以盡量發展。中國人並不嗜好武力，也不貪求財富。因中國人也懂得，武力與財富，盡是外皮的，並不即是人生的真內容真幸福。因此中國的政治社會發展到某一階段，便再進一步來期求各人內在個性的發展。個性發展的真實表現，一般說來，最主要的是在文學和藝術。其實文學亦即是藝術之一端。那時天下太平了，人的精神便用到生活享受和生活體味上。這就是文學和藝術的任務了。

兩漢時代，中國經過了四百年長治久安的時期，那時已漸漸開始講究到文學和藝術。但後來國運中衰，遇到魏晉南北朝時代的混亂，局面未能安定，於是把當時人要走的路，臨時又中斷了。一到唐朝，社會又漸漸安定，於是文學藝術再度發展。所以說，學術思想最燦爛的時期，是在秦以前。政治社會最理想安定的時期，莫過於漢唐。而文學藝術的普遍發達，則在唐代開國以後，這是中國文化史演進三大歷程，值得我們鄭重提出，來加以證明與闡述。

唐以前的文學，大體說，可分兩大類：一類可說是「貴族的」，另一類則可說是「宗教的」。藝術也是一樣，那時也只有「貴族藝術」和「宗教藝術」之兩大類。姑舉實例言之。如圖畫在唐以前，大概多使用在王宮或廟宇。建築亦然，大建築也只是王宮或廟宇了。這都只可算是貴族的和宗教的。又如漢代文學，像司馬相如上林賦、子虛賦之類，那便是我所謂貴族文學之好例。而像屈原九歌之類，則是宗教文學之好例。到唐代開國以後，中國的文學藝術，才逐漸由貴族的、宗教的普遍解放而轉化爲日常平民的。我們以整個中國文學史來說，唐興以來才是平民文學的時代。以整個中國藝術史來說，唐初才有平民藝術之生長。我覺得唐代文學藝術境界，像杜工部的詩，韓昌黎的散文，顏真卿的字，吳道子的畫，這都是和先秦、孔、孟諸子的學術思想一樣，同是達到了一種超前絕後至高無上的境界。若說秦漢以下，中國不再出孔、孟、莊、老，便認爲是中國歷史不進步；則試問如杜、韓、顔、吳，他們的詩文字畫，以前何曾有過？這不該說中國歷史仍在進步嗎？當知中國文化之特別偉大處，並不在推翻了舊的，再來一套新的。而是在一番新的之後，又增添出另一番新的。以前的新的，不僅不須推翻，而且也不能推翻；而以後仍可有另一番新的興起。而以後的另一番新的，仍然有價值，仍然是不可能推翻的。那纔見中國文化之真實偉大處。

現在要問，爲什麼中國的文學藝術，要到唐以後纔普遍發展呢？這因漢唐時代，政治社會雖都有很顯著的成就，但是在那時，還是有變相的貴族之存在；須到宋以後，連變相的貴族也根本沒有了。說到大門第，宋代只有韓、呂兩大姓，但也不好說他們是貴族。其他著名人物，都是道地的從平民社會出身。宋、明兩代，中國社會上，始終不再有貴族，不再有特殊階級。只有元、清兩代的部族政權，我們不妨說，那時的蒙古人和滿洲人，是中國社會裏的特殊階級。但這並不是中國傳統文化之向前演進所希望到達、應該到達的。換言之，那是一種外力壓迫而强之使然的。

若論社會經濟，宋以後，卻一天天的繼續發展。唐朝還用布帛做貨幣，宋代則已經用鈔票。可見唐以前社會經濟還不很活潑，宋以後就更見活潑了。但這裏有一更值得我們注意的問題。在唐以前，中國社會還不免有貧富懸殊；而宋以後的社會經濟，卻反而更趨向於平等了。經濟更活潑，而財富更平等，這不是一件極可注意研討的事嗎？這裏便可見中國文化演進之大趨嚮及其大意義所在。可惜我們此刻，對此問題，不能細論。姑從淺處說。

中國社會本來從事農業的家庭多，但他們對於子弟，總希望能讀書，求仕進。無論那一個家庭，如果只有一個兒子，那麼他自然要操作生產，沒話說。但如果有兩個兒子，便可想辦法，哥哥多做些事，讓弟弟空些時間來讀書。如果有三個兒子，他們更可設法讓小弟弟空出整個時間來讀書。因爲讀書接受了高等教育，便可參加政府考試，希望進入政府做大官，於是揚名聲，顯父母，光大門楣。這也是中國人喜歡多生兒子的一原因。只要家庭裏有受教育的讀書人，就有出身做大官的希望。但是做大官人的家庭，往往三四代後便中落。這因做了大官，獲得高俸厚祿，就可以不慮衣食，子弟們都可讀書，不必再從事生產勞作，像是很理想。但中國的考試制度，是永遠開放，永遠允許著儘量競爭意味的。於是那家庭，經歷幾代後，如果考試不如人，不能進取，也就無路可退，只有重轉入貧落的行伍中。所以宋以後的社會，許多達官貴顯，不過三四代，家境便中落了。這一現象，永遠地存在，直到晚清。如曾國藩家書中，還是常常勸子弟一面讀書，一面仍要不忘耕作。因爲唯有如此，才是可進可退的良策。於是宋以後的中國人，纔始終維持著一種務農爲主的經濟，常使社會平等，不再有階級懸殊。而讀書人則愈推愈廣，數量也愈增愈多，學術風氣也益形發展。試問那樣的一個社會，不在武力上財富上無限向前，而只在教育上文學藝術上不斷進步，是不是可說爲一種比較更合人性、更近理想的一個社會呢？

此外還有一情形，這就是宋以後，宗教信仰漸次淡薄了，那又是什麼原因呢？

第一，宋以後的中國，已真有了平民教育。而魏晉南北朝時代，則教育限於門第，未能普遍到民間。因此當時只有達官貴人的子弟，才受到教育。普通百姓人家，如要讀書，往往去到寺院或廟宇裏。待他們走進寺院廟宇，自然易於接受宗教信仰。宋以後，教育普及，書院極普遍，讀書再不必跑進寺院廟宇，因此宗教的魔力也就自然減少了。

第二，中國的藝術文學，在其本質上，就可以替代宗教功用。這一層說來極微妙，很難說，但仍不妨姑且淺略地說。上面說過，宋以後的文學藝術，都已平民化了，每一個平民家庭的廳堂牆壁上，總會掛有幾幅字畫，上面寫著幾句詩，或畫上幾根竹子，幾隻小鳥之類，幽雅淡泊。當你去沉默欣賞的時候，你心中自然會感覺到輕鬆愉快。這時候，一切富貴功名，都像化爲烏有，也就沒有所謂人生苦痛和不得意。甚至家庭日常使用的一只茶杯或一把茶壺，一邊總有幾筆畫，另一邊總有幾句詩。甚至你晚上臥床的枕頭上，也往往會綉有詩畫。令人日常接觸到的，盡是藝術，盡是文學，而盡已平民化了。單純，淡泊，和平，安靜，讓你沉默體味，教你怡然自得。再說到房屋建築。只要經濟上稍稍過得去的家庭，他們在院子裏，往往留有一塊空地，栽幾根竹子，鑿一個小池，池裏栽幾株荷花，或者養幾條金魚。這種設置，看來極平常，但使你身處其間，可以自遣自適。這裏要特別提醒大家的，如我上面所說，日常家庭生活之文學藝術化，在宋以後，已不是貴族生活才如此，而是一般的平民生活，大體都能向此上進。這不能不說是宋以後，中國社會宗教要求沖淡之另一個原因。

在中國人的文化傳統下，道德觀念一向很看重。它要負修身、齊家、治國、平天下一番大責任，它要講忠孝、仁義、廉恥、節操一番大道理。這好像一條條的道德繩子，把每個人縛得緊緊，轉身不得似的。在西方則並沒有這麼多的一大套。他們只說自由、平等、獨立，何等乾脆痛快。中國人則像被種種道德觀念重重束縛了。中國人生可說是道德的人生。你若做了官，便有做官的責任，又不許你兼做生意謀發財。做官生活，照理論，也全是道德的、責任的。正因中國社會偏重這一面，因此不得不有另一面來期求其平衡。中國人的詩文字畫，一般文學藝術，則正盡了此職能，使你能暫時拋開一切責任，重回到幽閒的心情、自然的欣賞上。好像「採菊東籬下，悠然見南山」這種情景，儻使你真能領略欣賞的話，似乎在那時，你一切責任都放下，安安閒閒地在那裏欣賞著大自然。中國的藝術文學，和中國的道德人生調和起來，便代替了宗教的作用。

我們把此看法來看西方文學和藝術，便覺得不然了。你若感覺到生活煩悶不舒服，試去看一場外國電影吧。你的目的本在消遣解悶，可是結果反而會更增加了你的煩悶和不舒服。因爲西方的文學與藝術，都是富刺激性的，都像是在鞭策你向前走，指示你一個該向前爭取的目標；在批評你的當下生活，批駁得你體無完膚。西方的文學藝術因比較富刺激性、鼓勵性、鞭策性，它要你拼命向前走；待你碰到壁，闖到了一鼻子灰，那你只有進教堂，哀告上帝，上帝會安慰你。這是中西雙方文學藝術內在性格與其社會使命之不同。可惜此處不能再詳說。

總之，中國在宋以後，一般人都走上了生活享受和生活體味的路子，在日常生活上尋求一種富於人生哲理的幸福與安慰。而中國的文學藝術，在那時代，則盡了它的大責任大貢獻。因此在唐以前，文學藝術尚是貴族的、宗教的，而唐興以來則逐漸流向大衆民間，成爲日常人生的。因此，中國文化在秦以前，造成了人生遠大的理想。漢唐時代，先把政治社會奠定了一個大規模。宋以後，人們便在這規模下享受和發展。這就是文學和藝術到那時才特別發達的緣故。

六

如果沒有外來侵略，我們如上述的這一種富於哲理的日常生活的享受和體味，當然是很舒服。中國人的理想人生實在並不錯，錯的只在他的世界主義上。要真實表現出中國人的理想人生，則非真達到世界主義的路程上不可。但中國人自始就自認爲中國已是一個大世界。中國文化在此一點上走過了頭，使它和現實的世界脫節，不接頭。宋明以下的毛病，就出在這上面。倘若外面沒有蒙古人，沒有滿洲人，那麼宋以下中國人的生活，自然可以說安排得很有意味了。可惜那一番安恬的美夢，給蒙古滿洲陣陣暴風烈雨打破了，驚醒了。但爲什麼魏晉南北朝時代，外人入侵，我們可以抵抗；而宋明兩代外人入侵，我們就沒有辦法呢？這因爲魏晉時代，中國社會上還是有變相貴族之存在；他們在地方上擁有大產業，屬下有大羣民眾，他們一號召，總可有幾千幾萬人跟從附和，這樣就可獨自成爲一個力量了。我們現在則稱他們是「封建勢力」，似乎封建勢力總是要不得。但社會上有一個一個的封建勢力擺布著，外族人自然吃不消。宋明兩代的社會，則沒有這種特殊勢力了。那麼外族一來，只擊敗了你的上層中央政府，下面地方就沒有辦法可以再抗拒。正因這時候，中國社會上的封建勢力早已消失，而像近代西方社會的資本主義新興勢力並未在中國社會上興起。那麼那時的中國民眾，就沒有方法組織成力量。人民既然毫無力量，那只有依靠政府。政府倒臺，人民自然就沒有辦法了。

顧亭林先生在明亡後，想從事革命，走遍全國。有一次，他到山西西南部的聞喜縣，看見一個很大的村落，名叫裴村，裏面幾千人家都姓裴。他們直從唐代遺傳下來，還是聚族而居的。因此亭林先生便回想到唐朝時的宗法社會還是有力量，此下這力量便逐漸沒有了。那時中國的文學和藝術，也只是平民的，只是日常人生的，只是人生的享受和體味。從另一意味講，那都走上了消極的路，只可供人生安慰消遣。而中國社會，一般說來，又是一個真實平等的社會，便不易發揮出力量來。宋以後，中國國勢的一蹶不振，毛病就在此。

到現在，中國文化史的第四期正在開始，我們應該再努力鞭策向前。怎樣鞭策呢？

第一，要恢復中國固有的道德。這就是上述的修身、齊家、治國、平天下，忠孝、仁義、廉恥、節操那一番大道德。

第二，應使中國社會發揮出現代力量來。如今既不能回頭再恢復封建制度，又不能邁進入資本主義的商業社會，究竟應該怎樣團結來發揮出力量呢？我們若沒有力量，便不能對付當前世界的其他民族。

第三，中國自古即以農工並重，商業亦隨而鼎足稱盛，只不許有如西方商業資本主義之產生。像蒙古、西藏、南洋這一些地方，只要他們不是農工社會，我們的文化力量就難運使；則我們所理想的世界主義，便永難達到。中國應該走進一步，還要加强工業。這樣一來，中國的文化，庶可再進一步達到他原先所理想的境界。

中庸上曾說：「能盡其性，則能盡人之性。盡人之性，則能盡物之性。能盡物之性，則可以贊天地之化育。」西方的現代文明，可謂在工業上比中國更走進了一步，主要則在其科學上。但他們的科學只求「盡物性」。中國自春秋戰國到漢、唐、宋、明各代，可說是注重在求「盡人之性」。若要進一步「盡物性」，就得學西洋，在他們的科學上努力。但不能求盡物之性而忽略了盡人性，又如近代西洋般走上了另一偏徑。則試問如何能在中國固有的理想之下，採用西方的科學，像我上面所說，又在以前的新上再加一番新？這個問題，很難用幾句話來解答。而真問題則便在這上面。

中國的社會，只要西方科學加進來，一切自會變。但問題在如何不推翻中國固有的傳統。有人說，若中國人不推翻以往舊社會舊傳統，便加不進西方新科學。這話是真的嗎？中國人想學西方人新科學，歷時已將超百年外，爲什麼總是學不上，這究竟是什麼原因呢？還是中國文化已經老了，不再有上進的希望？還是中國文化不宜於加進西方的新科學？就逼得它非全部推翻舊傳統不可嗎？其實問題都不在這上面，只因爲中國目前的政治社會一切情形太腐化。普遍講中國史的人，往往說自鴉片戰爭、五口通商以後，西方勢力東漸，中國的國勢便每下愈況了。其實這種看法也是錯誤的。要是英國人不來中國販鴉片，不引起鴉片戰爭，沒有五口通商，難道清代政權還可以永遠維持下去，中國還會永遠太平嗎？實際上中國社會，自乾隆末年以後，狀況已極壞。就是外國人不來，中國內部的腐化，也逐漸會曝露。自從乾隆末年到嘉慶一朝，已經不斷有內亂，從此爆發出太平天國。其主要原因，實在內不在外。不在五口通商，而在朝政有病。這已告訴我們，那時中國的政治和社會，根本已經徹底敗壞，非經一番大改革不可了。中國社會既已在極度動盪之下，外力入侵，我們自然不能對付。若我們在最近這一次抗日戰爭勝利後，中國能獲得一和平休養的機會，那麼十年二十年後，中國也許可以有辦法。我們並不能因爲中國接受西洋科學文明已經有百年以上的歷史，至今無所成就，就對中國的傳統文化表示籠統的悲觀。

吾嘗謂中國文化乃是「藝術性」的，而西方則是「科學性」的。但中國亦非無科學。即如數學與醫學，中國皆遠古即有傳統。惟中國醫學亦偏藝術性，乃從人身生理學上發明演進。而西方醫學，則從人體物理學上發明演進。彼此大不同，但究竟同是一科學。又如槍砲火藥，亦最先發明於中國。但中國人不願在此上繼續有發展，乃改爲爆竹與煙火；而槍砲則由西方人傳去，不斷繼續發明，以有今日之核子武器。所以今日中國要學習西方近代科學，亦得深具中國自己傳統之藝術化，把中國傳統文化來參加在學習中，爲人生藝術增添進新的一番現代中國化纔是。換言之，並不能說中國添進了西方科學化，只應說中國復興了原有科學化。如此則更不易有病。

中國今後出路，只要政治有辦法，社會有秩序。要政治清明，社會公道，把人生安定下來，則西方科學文明並不是不可能接受。而說到政治清明和社會公道的本身，那就是我們自己內部的事，這些卻不能專去向外國人學。好像花盆裏的花，要從根生起。不像花瓶裏的花，可以隨便插進就得。我們的文化前途，要用我們自己內部的力量來補救。西方新科學固然要學，可不要妨害了我們自己原有的生機，不要折損了我們自己原有的活力。能這樣，中國數千年文化演進的大目的，大理想，仍然可以繼續求前進求實現。

（民國三十年冬重慶中央訓練團講演）

補跋 一

本書成稿後五年，獲讀美國耶魯大學諾索洛（F.S.C. Northrop）教授所著東西相會（The Meeting of East and West）一書，其論西方文化，謂西方人所謂之知識，不論爲科學、爲哲學、或爲宗教，皆非純粹自經驗所得之知識，亦即非全由直接感覺所供給之知識，其爲知識，實有「超乎直接經驗之外」者。換言之，西方知識，乃一種「懸擬」或「假設」，而非純粹事實或事實之積聚。因此其知識必多於事實，必有爲事實所不能完全證明之部分。惟其知識有不能純由人生經驗證實之部分，故西方人乃不敢視知識爲久遠不變，爲永真無誤。因此西方知識有其冒險性與可變性，或創新性。西方人之天才與光榮，實由懷黑德教授所謂「觀念之冒險」所構成，故西方人在政治、經濟、宗教、及藝術上之價值學說，及建築於其上之各種文化，在西方歷史上亦有如此多之分化與重造。

諾氏又謂，東方知識則必以「直接經驗」所得，或「直接會證」所得者爲本，其知識來源全恃「經驗」或「直覺」。西方知識雖亦始乎經驗，且藉經驗而徵實，但西方人將知識表達於有系統之語言文字中。東方雖亦同有語言文字，卻不認語言文字爲即是知識。此種差別，正由西方人偏重事物中非直接經驗所能得之理論成分，此乃人生外面事物之共相，比較固定不變，因能爲固定概念或抽象之語言文字所表達。東方人所重視者，乃某幾種事物中必須直接經驗始能被知之美感成分。此種成分，任何語言文字均不能表達之。此乃一種不可言說之成分，東方文化如中國與印度，均以此種成分之認識與理解爲基礎，其倫理、宗教、藝術，亦悉建築於此種基礎之上。故東方人所研究者，大部分爲事物中之「美感」成分；而西方人所研究者，則大部分爲事物中之「理論」成分。東西文化差別即在此。惟其重視美感成分，或直覺之知，故常視直覺所得爲確定，其態度較爲武斷，亦較固執或保守。東方科學之所以不發達，其文化之所以缺少進步全在此。

以上撮述諾索洛氏書中大意。竊謂此說與余見有相似而亦有不同。諾氏只就自然科學著眼，自然科學之一切知識及其方法，偏重於推概，即以一抽象之概念或形式，從理論上演譯引伸推概及於一切。故諾氏謂其「常超乎直接經驗之外」，「常易變動」。而中國人一向所重則偏在人文科學之具體而綜括的方面，其知識不能由抽象概念推演引伸而來。故中國人認語言文字不即是知識。語言文字最多只能傳達知識，決不能由語言文字之形式演變中獲得知識。故西方人之所謂

「邏輯學」，中國古代之所謂「名家」，在中國文化思想史上不能占重要之地位。此層亦與余所論中西雙方地理背景有關係。

西方文化乃由一小地面醞釀成熟，推擴以達四圍。正猶其知識之獲得亦由一抽象之點或線，向外引伸推概以造成一有系統之理論，用此以侵入其前所未知之部分。中國文化則由一大地面融和凝結，向內充實，而非向外展擴，其知識之獲得，亦同樣爲全體之綜合與會通，而非由某一點或一部分直線引伸推演擴大。因此西方文化常易發生變動與衝突；中國文化則常見其較爲穩定與融洽。西方人常以其理論所得之知識領導人生冒險向前；中國人則將此人生投入大自然中，求其適應協調。故本書認中國文化之趨嚮，爲一種「天人合一的人生之藝術化」。與諸氏所分析，著眼稍有不同，其大體上則頗可得諸氏之意以闡吾說，故附錄於此，以備參證。

二

上面說的是中國人和西方人面對外界的興趣不同，西方人似乎偏好向自然科學的範圍探究；中國人則似乎偏好在人文科學的圈子裏用心，因此雙方所運用的求知識的方法及其積久養成的心習，亦顯有差異。

西方人的知識，大都由推概得來。此種推概而得之知識，常易超乎直接經驗之外，其出發點常為一種懸擬或假設，直線引伸，愈推愈遠，既非純粹自實際經驗所得，亦不能為實際經驗所全部證明。此種知識，其先固亦有一部分經驗為基礎，但此後則知識自為引伸，與經驗漸歧漸遠。此種知識乃一種邏輯性的理論的成分，超過了人生實際經驗之外，故常帶有一種冒險性。西方文化所以見為常進取、常變動，而且常易有正反極端之衝突與改革者在此。

至於中國方面，因其一向偏重在人文科學一邊，故其對於知識之獲得，常重人生實際經驗之綜括與會通，往往看不起抽象的由一個概念演譯引伸或偏於形式方面的邏輯和理論。因此中國人之思想，似乎只像是一種紀錄，具體而綜括的紀錄。他們既看輕了知識中之邏輯的理論的成分，因此也不易發展有長幅的、有系統的、純思辨式的語言和文字。

這一個分異，同樣也可由中西雙方地理背景上的相異來作說明。西方文化乃由一個小地面醞釀成熟，遂向外推廣以及其四圍，正猶其知識之獲得，亦由一抽象的點或線，作為根據，向外引伸以造成一有系統之理論，再從此侵入其所未知之部分，他們的內心求知及其文化進動，正是同一形態。再說到中國，他的文化演進乃由一大地面融和凝結，向內充實，而非向外擴張。其知識之獲得，亦同樣為全體之綜合與會通，而非由某一點或某一部分直線引伸向外侵略。因此西方文化，常以其在某一點上所得之理論或觀念領導人生冒險向前；中國人則主張將此人生投入大自然中求其適應與協調。在西方文化中，因此有基督教與近代自然科學，而中國文化之趨嚮，則永遠爲一種「天人合一的人生倫理之藝術化」。此種心理差異，乃至演成文化分別。

若如上節所述，乃由人類對於天地間種種智識之一個長序列之某一端即自然科學之基本數學與幾何，至此序列之別一端即人文科學之文化哲學，之相差而形成。則此後把捉到此一長序之全體，此種差別自仍可調和融通，不相背害。而此種把捉此一長序列之全體而調和融通之的工作，實又與中國傳統心習相通愜。因此作者認爲中國文化之演進，儘可採取西方物質自然科學之一切成就而不致搖動其本己之傳統。

民國七十六年整理舊稿時，獲四十年前筆記兩則，今重版此書，補刊於後。

國家圖書館出版品預行編目資料

中國文化史導論／錢穆 著—臺北市：素書樓文教基金會出版：華達文教科技公司總經銷，民 89

249 面；　　　公分－（中國史學小叢書）

ISBN　957-9154-36-8 (平裝)

1.文化史—中國

630　　　　　　　　　　　　　　90000306

中國史學小叢書

中國文化史導論

作　者：錢　穆
出　版：素書樓文教基金會
　　　　蘭臺網路出版商務股份有限公司
發行人：周　明
總經銷：華達文教科技公司
地　址：台北市中正區開封街一段 20 號 4 樓
電　話：(02)2381-1102 分機 513
傳　真：(02)2381-6672
劃撥戶名：華達文教科技股份有限公司
劃撥帳號：19479823
電子信箱：lt5w.lu@msa.hinet.net
出版日期：中華民國 90 年 02 月(一版一刷)
　　　　　中華民國 94 年 06 月(二刷)
定　　價：新臺幣 170 元

ISBN : 957-9154-36-8